Geschmackvolles Mittelmeer
Die Kunst der Mediterranen Küche

Luca Rossi

Zusammenfassung

Marokkanische Tajine mit Gemüse 9
Mediterraner Kuchen mit Salat, Kichererbsen und Sellerie 11
Gegrillte Gemüsespieße 13
Mit Tomaten gefüllte Portobello-Pilze 15
Verwelktes Löwenzahngrün mit süßen Zwiebeln 17
Sellerie und Senfgrün 18
Gemüse-Tofu-Rührei 19
Einfache Zoodles 21
Linsen-Tomaten-Kohlrouladen 22
Mediterrane vegetarische Schüssel 24
Gegrilltes Gemüse und Hummus-Wrap 26
Spanische grüne Bohnen 28
Rustikaler Blumenkohl und Karotten 29
Gerösteter Blumenkohl und Tomaten 30
Gerösteter Kürbis 32
Sautierter Knoblauchspinat 34
In Knoblauch sautierte Zucchini mit Minze 35
Geschmorte Okra 36
Paprika gefüllt mit süßem Gemüse 37
Moussaka-Auberginen 39
Mit Gemüse gefüllte Weinblätter 41
Gegrillte Auberginenröllchen 43
Knusprige Zucchini-Krapfen 45
Spinat-Käse-Kuchen 47

Gurken-Vollkornbrothäppchen	49
Soße auf Joghurtbasis	50
Tomaten-Bruschetta	51
Mit Oliven und Käse gefüllte Tomaten	53
Pfeffertapenade	54
Koriander-Falafel	55
Hummus mit roter Paprika	57
Weiße Bohnensauce	58
Hummus mit gehacktem Lamm	60
Auberginensauce	61
Vegetarische Pfannkuchen	62
Bulgur-Lammfleischbällchen	64
Gefüllte Avocado	66
Eingewickelte Pflaumen	67
Marinierter Feta und Artischocken	68
Thunfischkroketten	69
Roher geräucherter Lachs	72
Mit Zitrusfrüchten marinierte Oliven	73
Oliventapenade mit Sardellen	74
Griechische Teufelseier	76
Manchego-Cracker	78
Burrata Caprese-Stapel	80
Ricotta-Zucchini-Krapfen mit Zitronen-Knoblauch-Aioli	82
Mit Lachs gefüllte Gurken	85
Ziegenkäse-Makrelen-Pastete	87
Leckere mediterrane Bomben	89
Avocado-Gazpacho	90

Krabbenkuchen 92

Hühnersalat mit Orangen und Estragon 94

Mit Feta und Quinoa gefüllte Pilze 96

Falafel aus fünf Zutaten mit Joghurt und Knoblauchsauce 98

Zitronengarnelen mit Knoblauch-Olivenöl 100

Knusprige grüne Bohnen mit Zitronen-Joghurt-Sauce 102

Hausgemachte Pita-Chips mit Meersalz 104

Gebackene Spanakopita-Sauce 105

Geröstete Perlzwiebelsauce 107

Tapenade aus rotem Pfeffer 109

Griechische Kartoffelschalen mit Oliven und Feta 111

Artischocken-Oliven-Pita 113

Feta- und Zucchini-Röllchen 115

Quinoa-Pizza 117

Rosmarin- und Walnussbrot 119

Leckere mürrische Sandwiches 122

Perfekte Pizza 124

Mediterrane Margherita 128

Omelett gefüllt mit würzigen Zucchini- und Tomatengewürzen 130

Bananen-Sauerrahmbrot 132

Hausgemachtes Fladenbrot 134

Sandwiches mit Focaccia 136

Teller mit geröstetem Zaatar-Fladenbrot 138

Mini-Hühnchen-Shawarma 140

Auberginenpizza 142

Mediterrane Vollkornpizza 144

Gebackener Spinat und Feta-Pita 145

Wassermelonen-Feta und Balsamico-Pizza 147

Gemischter Gewürzburger 148

Sandwiches mit Schinken, Salat, Tomaten und Avocado 150

Spinatkuchen 152

Feta-Hähnchen-Burger 154

Gebratenes Schweinefleisch für Tacos 156

Italienischer Apfelkuchen mit Olivenöl 158

Schneller Tilapia mit roten Zwiebeln und Avocado 161

Gegrillter Fisch mit Zitrone 163

Unter der Woche Abendessen mit gebratenem Fisch 165

Knusprige Fischstäbchen mit Polenta 167

Gebratener Lachs 169

Thunfisch- und Zucchini-Burger aus der Toskana 171

Sizilianische Schüssel mit Schwarzkohl und Thunfisch 173

Mediterraner Kabeljau-Eintopf 175

Gedämpfte Muscheln in Weißweinsauce 177

Garnelen mit Orange und Knoblauch 179

Im Ofen geröstete Garnelen-Gnocchi 181

Würzige Garnelen-Putanesca 183

Italienische Thunfisch-Sandwiches 185

Dill-Lachs-Salat-Wrap 187

Weißer Muschelkuchen 189

Gebackenes Bohnenfischmehl 191

Kabeljau-Eintopf mit Pilzen 192

Würziger Schwertfisch 194

Pasta Mania mit Sardellen 196

Knoblauch-Garnelen-Pasta 198

Lachs mit Honig und Balsamico-Essig ... 200

Orangenfischmehl ... 201

Garnelen-Zoodles ... 202

Forelle mit Spargel ... 204

Grünkohl-Oliven-Thunfisch ... 206

Scharfe Garnele mit Rosmarin ... 208

Lachs mit Spargel ... 210

Thunfisch-Haselnuss-Salat ... 211

Cremige Garnelensuppe ... 213

Gewürzter Lachs mit Gemüsequinoa ... 215

Sennforelle mit Äpfeln ... 217

Gnocchi mit Garnelen ... 219

Garnelen-Saganaki ... 221

Marokkanische Tajine mit Gemüse

Zubereitungszeit: 20 Minuten

Kochzeit: 40 Minuten

Portionen: 2

Schwierigkeitsgrad: mittel

Zutaten:

- 2 Esslöffel Olivenöl
- ½ Zwiebel gewürfelt
- 1 Knoblauchzehe, gehackt
- 2 Tassen Blumenkohlröschen
- 1 mittelgroße Karotte, in 2,5 cm große Stücke geschnitten
- 1 Tasse gewürfelte Auberginen
- 1 Dose ganze Tomaten mit Saft
- 1 Dose Kichererbsen (15 oz/425 g)
- 2 kleine rote Kartoffeln
- 1 Tasse Wasser
- 1 Teelöffel reiner Ahornsirup
- ½ Teelöffel Zimt
- ½ Teelöffel Kurkuma
- 1 Teelöffel Kreuzkümmel
- ½ Teelöffel Salz
- 1-2 Teelöffel Harissa-Paste

Richtungen:

Erhitzen Sie das Olivenöl in einem Schmortopf bei mittlerer bis hoher Hitze. Die Zwiebel unter gelegentlichem Rühren 5 Minuten lang anbraten, bis die Zwiebel glasig ist.

Knoblauch, Blumenkohlröschen, Karotten, Auberginen, Tomaten und Kartoffeln unterrühren. Die Tomaten mit einem Holzlöffel in kleinere Stücke zerdrücken.

Kichererbsen, Wasser, Ahornsirup, Zimt, Kurkuma, Kreuzkümmel und Salz hinzufügen und verrühren. Lass es kochen

Sobald Sie fertig sind, reduzieren Sie die Hitze auf mittel-niedrig. Die Harissa-Paste einrühren, abdecken und etwa 40 Minuten köcheln lassen, bis das Gemüse weich ist. Abschmecken und nach Bedarf nachwürzen. Vor dem Servieren ruhen lassen.

Nährwert (pro 100 g): 293 Kalorien, 9,9 g Fett, 12,1 g Kohlenhydrate, 11,2 g Protein, 811 mg Natrium

Mediterraner Kuchen mit Salat, Kichererbsen und Sellerie

Zubereitungszeit: 10 Minuten

Kochzeit: 0 Minuten

Portionen: 4

Schwierigkeitsgrad: leicht

Zutaten:

- 1 Dose natriumarme Kichererbsen (15 oz/425 g)
- 1 Stange Sellerie, in dünne Scheiben schneiden
- 2 Esslöffel fein gehackte rote Zwiebel
- 2 Esslöffel ungesalzenes Tahini
- 3 Esslöffel Honigsenf
- 1 Esslöffel Kapern, nicht abgetropft
- 12 Buttersalatblätter

Richtungen:

In einer Schüssel die Kichererbsen mit einem Kartoffelstampfer oder der Rückseite einer Gabel glatt rühren. Sellerie, rote Zwiebel, Tahini, Honigsenf und Kapern in die Schüssel geben und gut vermischen.

Für jede Portion drei überlappende Salatblätter auf einen Teller legen und mit ¼ der Kichererbsenpüree-Füllung garnieren, dann aufrollen. Mit den restlichen Salatblättern und der Kichererbsenmischung wiederholen.

Nährwert (pro 100 g):182 Kalorien 7,1 g Fett 3 g Kohlenhydrate 10,3 g Protein 743 mg Natrium

Gegrillte Gemüsespieße

Zubereitungszeit: 15 Minuten

Kochzeit: 10 Minuten

Portionen: 4

Schwierigkeitsgrad: leicht

Zutaten:

- 4 mittelgroße rote Zwiebeln, geschält und in 6 Spalten geschnitten
- 4 mittelgroße Zucchini, in 1 Zoll dicke Scheiben geschnitten
- 2 Fleischtomaten, in Viertel geschnitten
- 4 rote Paprika
- 2 orangefarbene Paprika
- 2 gelbe Paprika
- 2 Esslöffel plus 1 Teelöffel Olivenöl

Richtungen:

Den Grill auf mittlere bis hohe Hitze vorheizen. Das Gemüse abwechselnd mit roten Zwiebeln, Zucchini, Tomaten und verschiedenfarbigen Paprika aufspießen. Fetten Sie sie mit 2 Esslöffeln Olivenöl ein.

Fetten Sie die Grillroste mit 1 Teelöffel Olivenöl ein und grillen Sie die Gemüsespieße 5 Minuten lang. Drehen Sie die Spieße um und grillen Sie sie weitere 5 Minuten lang oder bis sie nach Ihrem Geschmack gar sind. Lassen Sie die Spieße vor dem Servieren 5 Minuten abkühlen.

Nährwert (pro 100 g): 115 Kalorien, 3 g Fett, 4,7 g Kohlenhydrate, 3,5 g Protein, 647 mg Natrium

Mit Tomaten gefüllte Portobello-Pilze

Zubereitungszeit: 10 Minuten

Kochzeit: 15 Minuten

Portionen: 4

Schwierigkeitsgrad: mittel

Zutaten:

- 4 große Portobello-Pilzkappen
- 3 Esslöffel natives Olivenöl extra
- Salz und schwarzer Pfeffer nach Geschmack
- 4 getrocknete Tomaten
- 1 Tasse geriebener Mozzarella, geteilt
- ½ bis ¾ Tasse natriumarme Tomatensauce

Richtungen:

Grill auf volle Hitze vorheizen. Die Pilzköpfe auf ein Backblech legen und mit Olivenöl beträufeln. Mit Salz und Pfeffer bestreuen. 10 Minuten braten, dabei die Pilzkappen nach der Hälfte der Zeit wenden, bis sie oben goldbraun sind.

Vom Grill nehmen. Gießen Sie 1 Tomate, 2 Esslöffel Käse und 2 oder 3 Esslöffel Soße auf jede Pilzkappe. Die Pilzkappen wieder auf den Grill legen und weitere 2 bis 3 Minuten garen. Vor dem Servieren 5 Minuten abkühlen lassen.

Nährwert (pro 100 g): 217 Kalorien, 15,8 g Fett, 9 g Kohlenhydrate, 11,2 g Protein, 793 mg Natrium

Verwelktes Löwenzahngrün mit süßen Zwiebeln

Zubereitungszeit: 15 Minuten
Kochzeit: 15 Minuten
Portionen: 4
Schwierigkeitsgrad: leicht

Zutaten:

- 1 Esslöffel natives Olivenöl extra
- 2 Knoblauchzehen, gehackt
- 1 Vidalia-Zwiebel, in dünne Scheiben geschnitten
- ½ Tasse natriumarme Gemüsebrühe
- 2 Bund Löwenzahn, grob gehackt
- Frisch gemahlener schwarzer Pfeffer nach Geschmack

Richtungen:

Das Olivenöl in einer großen Pfanne bei schwacher Hitze erhitzen. Den Knoblauch und die Zwiebel dazugeben und unter gelegentlichem Rühren 2 bis 3 Minuten kochen lassen, bis die Zwiebel glasig ist.

Gemüsebrühe und Löwenzahngrün einrühren und unter häufigem Rühren 5-7 Minuten kochen lassen, bis es zusammengefallen ist. Mit schwarzem Pfeffer bestreuen und auf einem warmen Teller servieren.

Nährwert (pro 100 g): 81 Kalorien, 3,9 g Fett, 4 g Kohlenhydrate, 3,2 g Protein, 693 mg Natrium

Sellerie und Senfgrün

Zubereitungszeit: 10 Minuten
Kochzeit: 15 Minuten
Portionen: 4
Schwierigkeitsgrad: mittel

Zutaten:

- ½ Tasse natriumarme Gemüsebrühe
- 1 Stange Sellerie, grob gehackt
- ½ süße Zwiebel, gehackt
- ½ große rote Paprika, in dünne Scheiben geschnitten
- 2 Knoblauchzehen, gehackt
- 1 Bund Senf, grob gehackt

Richtungen:

Gießen Sie die Gemüsebrühe in eine große gusseiserne Pfanne und bringen Sie sie bei mittlerer Hitze zum Kochen. Sellerie, Zwiebel, Paprika und Knoblauch unterrühren. Ohne Deckel ca. 3-5 Minuten garen.

Den Senf in die Pfanne geben und gut vermischen. Reduzieren Sie die Hitze und kochen Sie, bis die Flüssigkeit verdampft ist und das Gemüse welk ist. Vom Herd nehmen und heiß servieren.

Nährwert (pro 100 g): 39 Kalorien, 3,1 g Protein, 6,8 g Kohlenhydrate, 3 g Protein, 736 mg Natrium

Gemüse-Tofu-Rührei

Zubereitungszeit: 5 Minuten
Kochzeit: 10 Minuten
Portionen: 2
Schwierigkeitsgrad: leicht

Zutaten:

- 2 Esslöffel natives Olivenöl extra
- ½ rote Zwiebel, fein gehackt
- 1 Tasse geriebener Kohl
- 8 Unzen (227 g) Pilze, in Scheiben geschnitten
- 8 Unzen (227 g) Tofu, in Stücke geschnitten
- 2 Knoblauchzehen, gehackt
- Die Paprikaflocken zerdrücken
- ½ Teelöffel Meersalz
- 1/8 Teelöffel frisch gemahlener schwarzer Pfeffer

Richtungen:

Das Olivenöl in einer mittelgroßen Pfanne mit Antihaftbeschichtung bei mittlerer bis hoher Hitze schimmern lassen. Zwiebeln, Grünkohl und Pilze in die Pfanne geben. Kochen und unregelmäßig umrühren, bis das Gemüse anfängt zu bräunen.

Den Tofu dazugeben und 3-4 Minuten unter Rühren braten, bis er weich ist. Knoblauch, rote Pfefferflocken, Salz und schwarzen Pfeffer einrühren und 30 Sekunden kochen lassen. Vor dem Servieren ruhen lassen.

Nährwert (pro 100 g): 233 Kalorien, 15,9 g Fett, 2 g Kohlenhydrate, 13,4 g Protein, 733 mg Natrium

Einfache Zoodles

Zubereitungszeit: 10 Minuten

Kochzeit: Fünf Minuten

Portionen: 2

Schwierigkeitsgrad: leicht

Zutaten:

- 2 Esslöffel Avocadoöl
- 2 mittelgroße Zucchini, spiralisiert
- ¼ Teelöffel Salz
- Frisch gemahlener schwarzer Pfeffer nach Geschmack

Richtungen:

Avocadoöl in einer großen Pfanne bei mittlerer Hitze erhitzen, bis es schimmert. Zucchininudeln, Salz und schwarzen Pfeffer in die Pfanne geben und vermengen. Unter ständigem Rühren kochen, bis es weich ist. Heiß servieren.

Nährwert (pro 100 g): 128 Kalorien, 14 g Fett, 0,3 g Kohlenhydrate, 0,3 g Protein, 811 mg Natrium

Linsen-Tomaten-Kohlrouladen

Zubereitungszeit: 15 Minuten

Kochzeit: 0 Minuten

Portionen: 4

Schwierigkeitsgrad: leicht

Zutaten:

- 2 Tassen gekochte Linsen
- 5 Roma-Tomaten, gewürfelt
- ½ Tasse zerbröckelter Feta-Käse
- 10 große frische Basilikumblätter, in dünne Scheiben geschnitten
- ¼ Tasse natives Olivenöl extra
- 1 Esslöffel Balsamico-Essig
- 2 Knoblauchzehen, gehackt
- ½ Teelöffel roher Honig
- ½ Teelöffel Salz
- ¼ Teelöffel frisch gemahlener schwarzer Pfeffer
- 4 große Kohlblätter, Stiele entfernt

Richtungen:

Linsen, Tomaten, Käse, Basilikumblätter, Olivenöl, Essig, Knoblauch, Honig, Salz und schwarzen Pfeffer vermischen und gut vermischen.

Legen Sie die Kohlblätter auf eine ebene Arbeitsfläche. Gießen Sie eine gleiche Menge Linsenmischung auf die Blattränder. Rollen Sie sie auf und schneiden Sie sie zum Servieren in zwei Hälften.

Nährwert (pro 100 g): 318 Kalorien, 17,6 g Fett, 27,5 g Kohlenhydrate, 13,2 g Protein, 800 mg Natrium

Mediterrane vegetarische Schüssel

Zubereitungszeit: 10 Minuten

Kochzeit: 20 Minuten

Portionen: 4

Schwierigkeitsgrad: mittel

Zutaten:

- 2 Tassen Wasser
- 1 Tasse Bulgur oder Quinoa Nr. 3, abgespült
- 1 1/2 Teelöffel Salz, geteilt
- 1 Pint (2 Tassen) Kirschtomaten, halbiert
- 1 große Paprika, gehackt
- 1 große Gurke, gehackt
- 1 Tasse Kalamata-Oliven
- ½ Tasse frisch gepresster Zitronensaft
- 1 Tasse natives Olivenöl extra
- ½ Teelöffel frisch gemahlener schwarzer Pfeffer

Richtungen:

Wasser in einem mittelgroßen Topf bei mittlerer Hitze zum Kochen bringen. Bulgur (oder Quinoa) und 1 Teelöffel Salz hinzufügen. Abdecken und 15–20 Minuten kochen lassen.

Um das Gemüse in Ihren 4 Schüsseln anzuordnen, teilen Sie jede Schüssel optisch in 5 Abschnitte. Gekochten Bulgur in einen Abschnitt geben. Anschließend Tomaten, Paprika, Gurken und Oliven hinzufügen.

Zitronensaft, Olivenöl, den restlichen halben Teelöffel Salz und schwarzen Pfeffer verrühren.

Das Dressing gleichmäßig auf die 4 Schüsseln verteilen. Sofort servieren oder abdecken und für später im Kühlschrank aufbewahren.

Nährwert (pro 100 g): 772 Kalorien, 9 g Fett, 6 g Protein, 41 g Kohlenhydrate, 944 mg Natrium

Gegrilltes Gemüse und Hummus-Wrap

Zubereitungszeit: 15 Minuten

Kochzeit: 10 Minuten

Portionen: 6

Schwierigkeitsgrad: mittel

Zutaten:

- 1 große Aubergine
- 1 große Zwiebel
- ½ Tasse natives Olivenöl extra
- 1 Teelöffel Salz
- 6 Lavash-Brötchen oder großes Fladenbrot
- 1 Tasse cremiger traditioneller Hummus

Richtungen:

Einen Grill, eine große Bratpfanne oder eine leicht gefettete Bratpfanne bei mittlerer Hitze vorheizen. Auberginen und Zwiebel in Scheiben schneiden. Das Gemüse mit Olivenöl bestreichen und mit Salz bestreuen.

Das Gemüse auf beiden Seiten etwa 3–4 Minuten pro Seite anbraten. Um den Wrap zuzubereiten, legen Sie Lavash oder Pita flach hin. Etwa 2 Esslöffel Hummus auf die Folie geben.

Verteilen Sie das Gemüse gleichmäßig auf die Rollen und ordnen Sie es in Schichten entlang einer Seite der Folie an. Falten Sie die

Seite der Folie mit dem Gemüse vorsichtig um, stecken Sie sie hinein und bilden Sie eine dichte Folie.

Legen Sie das Band mit der Nahtseite nach unten und schneiden Sie es in zwei Hälften oder Drittel.

Sie können jedes Sandwich auch in Frischhaltefolie einwickeln, um es für den späteren Verzehr in Form zu halten.

Nährwert (pro 100 g): 362 Kalorien, 10 g Fett, 28 g Kohlenhydrate, 15 g Protein, 736 mg Natrium

Spanische grüne Bohnen

Zubereitungszeit: 10 Minuten

Kochzeit: 20 Minuten

Portionen: 4

Schwierigkeitsgrad: leicht

Zutaten:

- ¼ Tasse natives Olivenöl extra
- 1 große Zwiebel, gehackt
- 4 Knoblauchzehen, fein gehackt
- 1 Pfund grüne Bohnen, frisch oder gefroren, geputzt
- 1 1/2 Teelöffel Salz, geteilt
- 1 (15 Unzen) Dose gewürfelte Tomaten
- ½ Teelöffel frisch gemahlener schwarzer Pfeffer

Richtungen:

Olivenöl, Zwiebel und Knoblauch erhitzen; 1 Minute kochen lassen. Grüne Bohnen in 5 cm große Stücke schneiden. Die grünen Bohnen und 1 Teelöffel Salz in den Topf geben und alles verrühren; 3 Minuten kochen lassen. Gewürfelte Tomaten, den restlichen halben Teelöffel Salz und schwarzen Pfeffer in den Topf geben; Weitere 12 Minuten weiterkochen, dabei gelegentlich umrühren. Heiß servieren.

Nährwert (pro 100 g): 200 Kalorien, 12 g Fett, 18 g Kohlenhydrate, 4 g Protein, 639 mg Natrium

Rustikaler Blumenkohl und Karotten

Zubereitungszeit: 10 Minuten

Kochzeit: 10 Minuten

Portionen: 4

Schwierigkeitsgrad: leicht

Zutaten:

- 3 Esslöffel natives Olivenöl extra
- 1 große Zwiebel, gehackt
- 1 Esslöffel Knoblauch, gehackt
- 2 Tassen Karotten, gewürfelt
- 4 Tassen gehackter Blumenkohl, gewaschen
- 1 Teelöffel Salz
- ½ Teelöffel gemahlener Kreuzkümmel

Richtungen:

Olivenöl, Zwiebel, Knoblauch und Karotten 3 Minuten kochen. Schneiden Sie den Blumenkohl in 2,5 cm große oder mundgerechte Stücke. Blumenkohl, Salz und Kreuzkümmel in die Pfanne geben und mit den Karotten und Zwiebeln verrühren.

Abdecken und 3 Minuten kochen lassen. Das Gemüse dazugeben und weitere 3 bis 4 Minuten kochen lassen. Heiß servieren.

Nährwert (pro 100 g): 159 Kalorien, 17 g Fett, 15 g Kohlenhydrate, 3 g Protein, 569 mg Natrium

Gerösteter Blumenkohl und Tomaten

Zubereitungszeit: 5 Minuten

Kochzeit: 25 Minuten

Portionen: 4

Schwierigkeitsgrad: mittel

Zutaten:

- 4 Tassen Blumenkohl, in 2,5 cm große Stücke geschnitten
- 6 Esslöffel natives Olivenöl extra, geteilt
- 1 Teelöffel Salz, geteilt
- 4 Tassen Kirschtomaten
- ½ Teelöffel frisch gemahlener schwarzer Pfeffer
- ½ Tasse geriebener Parmesan

Richtungen:

Heizen Sie den Ofen auf 425 °F vor. Geben Sie Blumenkohl, 3 Esslöffel Olivenöl und ½ Teelöffel Salz in eine große Schüssel und vermischen Sie alles, um es gleichmäßig zu verteilen. In einer gleichmäßigen Schicht auf ein Backblech legen.

In eine andere große Schüssel die Tomaten, die restlichen 3 Esslöffel Olivenöl und ½ Teelöffel Salz geben und vermengen, bis alles gleichmäßig bedeckt ist. Auf ein anderes Backblech gießen. Legen Sie den Blumenkohl- und Tomatenteig in den Ofen und rösten Sie ihn 17 bis 20 Minuten lang, bis der Blumenkohl leicht gebräunt und die Tomaten prall sind.

Den Blumenkohl mit einem Spatel auf einen Servierteller geben und mit Tomaten, schwarzem Pfeffer und Parmesan belegen. Heiß servieren.

Nährwert (pro 100 g): 294 Kalorien, 14 g Fett, 13 g Kohlenhydrate, 9 g Protein, 493 mg Natrium

Gerösteter Kürbis

Zubereitungszeit: 10 Minuten

Kochzeit: 35 Minuten

Portionen: 6

Schwierigkeitsgrad: mittel

Zutaten:

- 2 Eichelkürbisse, mittelgroß bis groß
- 2 Esslöffel natives Olivenöl extra
- 1 Teelöffel Salz, plus etwas mehr zum Würzen
- 5 Esslöffel ungesalzene Butter
- ¼ Tasse gehackte Salbeiblätter
- 2 Esslöffel frische Thymianblätter
- ½ Teelöffel frisch gemahlener schwarzer Pfeffer

Richtungen:

Den Ofen auf 200 °C vorheizen. Den Kürbis der Länge nach halbieren. Die Kerne herauskratzen und waagerecht in ½ Zoll dicke Scheiben schneiden. In einer großen Schüssel den Kürbis mit Olivenöl beträufeln, mit Salz bestreuen und vermischen, bis er bedeckt ist.

Den Eichelkürbis auf ein Backblech legen. Auf das Backblech im Ofen legen und den Kürbis 20 Minuten garen. Drehen Sie den Kürbis mit einem Spatel um und backen Sie ihn weitere 15 Minuten lang.

Die Butter in einem mittelgroßen Topf bei mittlerer Hitze weich machen. Salbei und Thymian zur geschmolzenen Butter geben und 30 Sekunden kochen lassen. Die gekochten Kürbisscheiben auf einen Teller geben. Die Butter-Kräuter-Mischung über den Kürbis gießen. Mit Salz und schwarzem Pfeffer würzen. Heiß servieren.

Nährwert (pro 100 g): 188 Kalorien, 13 g Fett, 16 g Kohlenhydrate, 1 g Protein, 836 mg Natrium

Sautierter Knoblauchspinat

Zubereitungszeit: 5 Minuten

Kochzeit: 10 Minuten

Portionen: 4

Schwierigkeitsgrad: leicht

Zutaten:

- ¼ Tasse natives Olivenöl extra
- 1 große Zwiebel, in dünne Scheiben geschnitten
- 3 Knoblauchzehen, gehackt
- 6 Beutel (1 Pfund) Babyspinat, gewaschen
- ½ Teelöffel Salz
- 1 Zitrone, in Spalten geschnitten

Richtungen:

Olivenöl, Zwiebeln und Knoblauch in einer großen Pfanne 2 Minuten bei mittlerer Hitze anbraten. Fügen Sie eine Tüte Spinat und einen halben Teelöffel Salz hinzu. Decken Sie die Pfanne ab und lassen Sie den Spinat 30 Sekunden lang zusammenfallen. Wiederholen Sie den Vorgang (ohne Salz) und fügen Sie jeweils 1 Beutel Spinat hinzu.

Wenn der gesamte Spinat hinzugefügt ist, nehmen Sie den Deckel ab und kochen Sie ihn 3 Minuten lang, damit ein Teil der Feuchtigkeit verdunsten kann. Heiß mit Zitronenschale darüber servieren.

Nährwert (pro 100 g): 301 Kalorien, 12 g Fett, 29 g Kohlenhydrate, 17 g Protein, 639 mg Natrium

In Knoblauch sautierte Zucchini mit Minze

Zubereitungszeit: 5 Minuten
Kochzeit: 10 Minuten
Portionen: 4
Schwierigkeitsgrad: leicht

Zutaten:

- 3 große grüne Zucchini
- 3 Esslöffel natives Olivenöl extra
- 1 große Zwiebel, gehackt
- 3 Knoblauchzehen, gehackt
- 1 Teelöffel Salz
- 1 Teelöffel getrocknete Minze

Richtungen:

Schneiden Sie die Zucchini in ½ Zoll große Würfel. Olivenöl, Zwiebeln und Knoblauch 3 Minuten unter ständigem Rühren kochen.

Zucchini und Salz in die Pfanne geben und mit den Zwiebeln und dem Knoblauch verrühren und 5 Minuten kochen lassen. Die Minze in die Pfanne geben und umrühren. Weitere 2 Minuten kochen lassen. Heiß servieren.

Nährwert (pro 100 g): 147 Kalorien, 16 g Fett, 12 g Kohlenhydrate, 4 g Protein, 723 mg Natrium

Geschmorte Okra

Zubereitungszeit: 55 Minuten

Kochzeit: 25 Minuten

Portionen: 4

Schwierigkeitsgrad: leicht

Zutaten:

- ¼ Tasse natives Olivenöl extra
- 1 große Zwiebel, gehackt
- 4 Knoblauchzehen, fein gehackt
- 1 Teelöffel Salz
- 1 Pfund frische oder gefrorene Okra, gereinigt
- 1 (15 Unzen) Dose einfache Tomatensauce
- 2 Tassen Wasser
- ½ Tasse frischer Koriander, fein gehackt
- ½ Teelöffel frisch gemahlener schwarzer Pfeffer

Richtungen:

Olivenöl, Zwiebel, Knoblauch und Salz mischen und 1 Minute kochen lassen. Die Okraschoten einrühren und 3 Minuten kochen lassen.

Tomatensauce, Wasser, Koriander und schwarzen Pfeffer hinzufügen; vermischen, abdecken und 15 Minuten kochen lassen, dabei gelegentlich umrühren. Heiß servieren.

Nährwert (pro 100 g): 201 Kalorien, 6 g Fett, 18 g Kohlenhydrate, 4 g Protein, 693 mg Natrium

Paprika gefüllt mit süßem Gemüse

Zubereitungszeit: 20 Minuten
Kochzeit: 30 Minuten
Portionen: 6
Schwierigkeitsgrad: mittel

Zutaten:

- 6 große Paprika, verschiedene Farben
- 3 Esslöffel natives Olivenöl extra
- 1 große Zwiebel, gehackt
- 3 Knoblauchzehen, gehackt
- 1 Karotte, gehackt
- 1 (16 Unzen) Dose Kichererbsen, abgespült und abgetropft
- 3 Tassen gekochter Reis
- 1,5 Teelöffel Salz
- ½ Teelöffel frisch gemahlener schwarzer Pfeffer

Richtungen:

Heizen Sie den Ofen auf 350 °F vor. Achten Sie darauf, Paprika zu wählen, die standfest sind. Schneiden Sie die Kappe von der Paprika ab, entfernen Sie die Kerne und bewahren Sie die Kappe für später auf. Die Paprika in eine Auflaufform geben.

Olivenöl, Zwiebel, Knoblauch und Karotten 3 Minuten erhitzen. Kichererbsen unterrühren. Weitere 3 Minuten kochen lassen. Nehmen Sie die Pfanne vom Herd und geben Sie die gekochten Zutaten in eine große Schüssel. Reis, Salz und Pfeffer hinzufügen; Zum Kombinieren umrühren.

Füllen Sie jede Paprika bis zum Rand und setzen Sie dann die Paprikakappen wieder auf. Falten Sie die Form mit Aluminiumfolie und backen Sie sie 25 Minuten lang. Die Folie entfernen und weitere 5 Minuten backen. Heiß servieren.

Nährwert (pro 100 g): 301 Kalorien, 15 g Fett, 50 g Kohlenhydrate, 8 g Protein, 803 mg Natrium

Moussaka-Auberginen

Zubereitungszeit: 55 Minuten
Kochzeit: 40 Minuten
Portionen: 6
Schwierigkeitsgrad: schwierig

Zutaten:

- 2 große Auberginen
- 2 Teelöffel Salz, geteilt
- Olivenöl Spray
- ¼ Tasse natives Olivenöl extra
- 2 große Zwiebeln, in Scheiben geschnitten
- 10 Knoblauchzehen, in Scheiben geschnitten
- 2 (15 Unzen) Dosen gewürfelte Tomaten
- 1 (16 Unzen) Dose Kichererbsen, abgespült und abgetropft
- 1 Teelöffel getrockneter Oregano
- ½ Teelöffel frisch gemahlener schwarzer Pfeffer

Richtungen:

Auberginen horizontal in ¼ Zoll dicke runde Scheiben schneiden. Die Auberginenscheiben mit 1 Teelöffel Salz bestreuen und 30 Minuten in ein Sieb geben.

Heizen Sie den Ofen auf 450 °F vor. Tupfen Sie die Auberginenscheiben mit einem Papiertuch trocken und sprühen

Sie jede Seite mit Olivenölspray ein oder bestreichen Sie jede Seite leicht mit Olivenöl.

Die Auberginen in einer einzigen Schicht auf einem Backblech anhäufen. In den Ofen geben und 10 Minuten garen. Drehen Sie dann die Scheiben mit einem Spatel um und backen Sie sie weitere 10 Minuten lang.

Olivenöl, Zwiebeln, Knoblauch und den restlichen 1 Teelöffel Salz anbraten. 5 Minuten kochen lassen, dabei gelegentlich umrühren. Tomaten, Kichererbsen, Oregano und schwarzen Pfeffer hinzufügen. 12 Minuten köcheln lassen, dabei unregelmäßig umrühren.

Beginnen Sie mit dem Schichten in einem tiefen Topf, beginnen Sie mit der Aubergine und dann mit der Sauce. Wiederholen, bis alle Zutaten verbraucht sind. 20 Minuten im Ofen backen. Aus dem Ofen nehmen und warm servieren.

Nährwert (pro 100 g): 262 Kalorien, 11 g Fett, 35 g Kohlenhydrate, 8 g Protein, 723 mg Natrium

Mit Gemüse gefüllte Weinblätter

Zubereitungszeit: 50 Minuten

Kochzeit: 45 Minuten

Portionen: 8

Schwierigkeitsgrad: mittel

Zutaten:

- 2 Tassen weißer Reis, abgespült
- 2 große Tomaten, gewürfelt
- 1 große Zwiebel, fein gehackt
- 1 Frühlingszwiebel, fein gehackt
- 1 Tasse frische italienische Petersilie, fein gehackt
- 3 Knoblauchzehen, gehackt
- 2,5 Teelöffel Salz
- ½ Teelöffel frisch gemahlener schwarzer Pfeffer
- 1 Glas Weinblätter
- 1 Tasse Zitronensaft
- ½ Tasse natives Olivenöl extra
- 4-6 Tassen Wasser

Richtungen:

Reis, Tomaten, Zwiebeln, Frühlingszwiebeln, Petersilie, Knoblauch, Salz und schwarzen Pfeffer vermischen. Die Weinblätter abtropfen lassen und abspülen. Bereiten Sie einen großen Topf vor, indem Sie eine Schicht Weinblätter auf den Boden legen. Legen Sie jedes Blatt ab und schneiden Sie die Stiele ab.

Geben Sie 2 Esslöffel der Reismischung auf die Basis jedes Blattes. Falten Sie die Seiten nach innen und rollen Sie es dann so eng wie möglich auf. Legen Sie die gerollten Weinblätter in den Topf und richten Sie jedes gerollte Weinblatt aus. Die gerollten Weinblätter weiter schichten.

Gießen Sie den Zitronensaft und das Olivenöl vorsichtig über die Weinblätter und fügen Sie gerade so viel Wasser hinzu, dass die Weinblätter 2,5 cm bedeckt sind. Legen Sie einen schweren Teller, der kleiner als die Topföffnung ist, verkehrt herum über die Weinblätter. Decken Sie den Topf ab und kochen Sie die Blätter 45 Minuten lang bei mittlerer Hitze. Vor dem Servieren 20 Minuten ruhen lassen. Heiß oder kalt servieren.

Nährwert (pro 100 g): 532 Kalorien, 15 g Fett, 80 g Kohlenhydrate, 12 g Protein, 904 mg Natrium

Gegrillte Auberginenröllchen

Zubereitungszeit: 30 Minuten
Kochzeit: 10 Minuten
Portionen: 6
Schwierigkeitsgrad: mittel

Zutaten:

- 2 große Auberginen
- 1 Teelöffel Salz
- 4 Unzen Ziegenkäse
- 1 Tasse Hüttenkäse
- ¼ Tasse frisches Basilikum, fein gehackt
- ½ Teelöffel frisch gemahlener schwarzer Pfeffer
- Olivenöl Spray

Richtungen:

Schneiden Sie die Oberseite der Aubergine ab und schneiden Sie die Aubergine der Länge nach in ¼ Zoll dicke Scheiben. Bestreuen Sie die Scheiben mit Salz und legen Sie die Auberginen für 15–20 Minuten in ein Sieb.

Geißel aus Ziegenkäse, Ricotta, Basilikum und Pfeffer. Einen leicht gefetteten Grill, eine Grillpfanne oder eine Bratpfanne bei mittlerer Hitze vorheizen. Trocknen Sie die Auberginenscheiben und besprühen Sie sie leicht mit Olivenöl. Legen Sie die Aubergine auf den Grill, die Pfanne oder die Bratpfanne und kochen Sie sie auf jeder Seite 3 Minuten lang.

Die Auberginen vom Herd nehmen und 5 Minuten abkühlen lassen. Zum Rollen legen Sie eine Auberginenscheibe flach hin, geben einen Löffel der Käsemischung auf den Boden der Scheibe und rollen sie auf. Sofort servieren oder bis zum Servieren kalt stellen.

Nährwert (pro 100 g): 255 Kalorien, 7 g Fett, 19 g Kohlenhydrate, 15 g Protein, 793 mg Natrium

Knusprige Zucchini-Krapfen

Zubereitungszeit: 15 Minuten

Kochzeit: 20 Minuten

Portionen: 6

Schwierigkeitsgrad: leicht

Zutaten:

- 2 große grüne Zucchini
- 2 Esslöffel italienische Petersilie, fein gehackt
- 3 Knoblauchzehen, gehackt
- 1 Teelöffel Salz
- 1 Tasse Mehl
- 1 großes Ei, geschlagen
- ½ Tasse Wasser
- 1 Teelöffel Backpulver
- 3 Tassen Pflanzen- oder Avocadoöl

Richtungen:

Die Zucchini in eine große Schüssel reiben. Petersilie, Knoblauch, Salz, Mehl, Ei, Wasser und Hefe in die Schüssel geben und verrühren. Erhitzen Sie das Öl in einem großen Topf oder einer Fritteuse bei mittlerer Hitze auf 365 °F.

Den Pfannkuchenteig löffelweise in das heiße Öl gießen. Drehen Sie die Pfannkuchen mit einem Schaumlöffel um und braten Sie sie etwa 2–3 Minuten lang goldbraun. Filtern Sie das Öl aus den Pfannkuchen und legen Sie sie auf einen mit saugfähigem Papier ausgelegten Teller. Heiß mit cremigem Tzatziki oder cremigem traditionellem Hummus als Dip servieren.

Nährwert (pro 100 g): 446 Kalorien, 2 g Fett, 19 g Kohlenhydrate, 5 g Protein, 812 mg Natrium

Spinat-Käse-Kuchen

Zubereitungszeit: 20 Minuten

Kochzeit: 40 Minuten

Portionen: 8

Schwierigkeitsgrad: schwierig

Zutaten:

- 2 Esslöffel natives Olivenöl extra
- 1 große Zwiebel, gehackt
- 2 Knoblauchzehen, gehackt
- 3 Beutel (1 Pfund) Babyspinat, gewaschen
- 1 Tasse Feta
- 1 großes Ei, geschlagen
- Blätterteigblätter

Richtungen:

Heizen Sie den Ofen auf 375 °F vor. Erhitzen Sie Olivenöl, Zwiebeln und Knoblauch 3 Minuten lang. Geben Sie den Spinat Beutel für Beutel in die Pfanne und lassen Sie ihn zwischen den einzelnen Beuteln zusammenfallen. Mit einer Zange starten. 4 Minuten kochen lassen. Sobald der Spinat gar ist, die überschüssige Flüssigkeit aus der Pfanne entfernen.

In einer großen Schüssel Fetakäse, Ei und gekochten Spinat vermischen. Den Blätterteig auf eine Arbeitsfläche legen. Den Teig in 3-Zoll-Quadrate schneiden. Geben Sie einen Löffel der

Spinatmischung in die Mitte eines Blätterteigquadrats. Falten Sie eine Ecke des Quadrats zur diagonalen Ecke, sodass ein Dreieck entsteht. Kräuseln Sie die Ränder des Kuchens, indem Sie sie mit den Zinken einer Gabel andrücken, um sie zu versiegeln. Wiederholen, bis alle Quadrate gefüllt sind.

Legen Sie die Kuchen auf ein mit Backpapier ausgelegtes Backblech und backen Sie sie 25–30 Minuten lang oder bis sie goldbraun sind. Heiß oder bei Zimmertemperatur servieren.

Nährwert (pro 100 g): 503 Kalorien, 6 g Fett, 38 g Kohlenhydrate, 16 g Protein, 836 mg Natrium

Gurken-Vollkornbrothäppchen

Zubereitungszeit: 5 Minuten

Kochzeit: 0 Minuten

Portionen: 12

Schwierigkeitsgrad: leicht

Zutaten:

- 1 Gurke, in Scheiben geschnitten
- 8 Scheiben Vollkornbrot
- 2 Esslöffel Frischkäse, weich
- 1 Esslöffel gehackter Schnittlauch
- ¼ Tasse Avocado, geschält, entkernt und zerdrückt
- 1 Teelöffel Senf
- Salz und schwarzer Pfeffer nach Geschmack

Richtungen:

Auf jede Brotscheibe das Avocadopüree streichen, die übrigen Zutaten bis auf die Gurkenscheiben ebenfalls darauf verteilen.

Die Gurkenscheiben auf die Brotscheiben verteilen, jede Scheibe dritteln, auf einem Servierteller anrichten und als Vorspeise servieren.

Nährwert (pro 100 g): 187 Kalorien, 12,4 g Fett, 4,5 g Kohlenhydrate, 8,2 g Protein, 736 mg Natrium

Soße auf Joghurtbasis

Zubereitungszeit: 10 Minuten

Kochzeit: 0 Minuten

Portionen: 6

Schwierigkeitsgrad: leicht

Zutaten:

- 2 Tassen griechischer Joghurt
- 2 Esslöffel Pistazien, geröstet und gehackt
- Eine Prise Salz und weißer Pfeffer
- 2 Esslöffel Minze, gehackt
- 1 Esslöffel Kalamata-Oliven, entkernt und gehackt
- ¼ Tasse Zaatar-Gewürz
- ¼ Tasse Granatapfelkerne
- 1/3 Tasse Olivenöl

Richtungen:

Den Joghurt mit den Pistazien und den restlichen Zutaten vermischen, gut vermischen, in Tassen verteilen und mit Pita-Chips als Beilage servieren.

Nährwert (pro 100 g): 294 Kalorien, 18 g Fett, 2 g Kohlenhydrate, 10 g Protein, 593 mg Natrium

Tomaten-Bruschetta

Zubereitungszeit: 10 Minuten

Kochzeit: 10 Minuten

Portionen: 6

Schwierigkeitsgrad: leicht

Zutaten:

- 1 Baguette, in Scheiben geschnitten
- 1/3 Tasse Basilikum, gehackt
- 6 gewürfelte Tomaten
- 2 Knoblauchzehen, gehackt
- Eine Prise Salz und schwarzer Pfeffer
- 1 Teelöffel Olivenöl
- 1 Esslöffel Balsamico-Essig
- ½ Teelöffel Knoblauchpulver
- Kochspray

Richtungen:

Die Baguettescheiben auf ein mit Backpapier ausgelegtes Backblech legen und mit Kochspray einfetten. 10 Minuten bei 400 Grad backen.

Die Kirschtomaten zum Basilikum und den anderen Zutaten geben, gut vermischen und 10 Minuten ruhen lassen. Die Tomatenmischung auf jede Baguettescheibe verteilen, alles auf einem Servierteller anrichten und servieren.

Nährwert (pro 100 g): 162 Kalorien, 4 g Fett, 29 g Kohlenhydrate, 4 g Protein, 736 mg Natrium

Mit Oliven und Käse gefüllte Tomaten

Zubereitungszeit: 10 Minuten

Kochzeit: 0 Minuten

Portionen: 24

Schwierigkeitsgrad: leicht

Zutaten:

- 24 Kirschtomaten, oben aufgeschnitten und das Innere herausgehöhlt
- 2 Esslöffel Olivenöl
- ¼ Teelöffel rote Paprikaflocken
- ½ Tasse Feta-Käse, zerbröckelt
- 2 Esslöffel schwarze Olivenpaste
- ¼ Tasse Minze, zerrissen

Richtungen:

In einer Schüssel die Olivenpaste mit den restlichen Zutaten außer den Kirschtomaten vermischen und gut verrühren. Die Kirschtomaten mit dieser Mischung füllen, alles auf einem Servierteller anrichten und als Vorspeise servieren.

Nährwert (pro 100 g): 136 Kalorien, 8,6 g Fett, 5,6 g Kohlenhydrate, 5,1 g Protein, 648 mg Natrium

Pfeffertapenade

Zubereitungszeit: 10 Minuten

Kochzeit: 0 Minuten

Portionen: 4

Schwierigkeitsgrad: leicht

Zutaten:

- 7 Unzen geröstete rote Paprika, gehackt
- ½ Tasse geriebener Parmesan
- 1/3 Tasse gehackte Petersilie
- 14 Unzen Artischocken aus der Dose, abgetropft und gehackt
- 3 Esslöffel Olivenöl
- ¼ Tasse Kapern, abgetropft
- 1 ½ Esslöffel Zitronensaft
- 2 Knoblauchzehen, gehackt

Richtungen:

In Ihrem Mixer die roten Paprikaschoten mit dem Parmesan und den restlichen Zutaten vermischen und gut vermischen. Teilen Sie sie in Tassen auf und servieren Sie sie als Snack.

Nährwert (pro 100 g): 200 Kalorien, 5,6 g Fett, 12,4 g Kohlenhydrate, 4,6 g Protein, 736 mg Natrium

Koriander-Falafel

Zubereitungszeit: 10 Minuten
Kochzeit: 10 Minuten
Portionen: 8
Schwierigkeitsgrad: leicht

Zutaten:

- 1 Tasse Kichererbsen aus der Dose
- 1 Bund Petersilienblätter
- 1 gelbe Zwiebel, gehackt
- 5 Knoblauchzehen, gehackt
- 1 Teelöffel Koriander, gemahlen
- Eine Prise Salz und schwarzer Pfeffer
- ¼ Teelöffel Cayennepfeffer
- ¼ Teelöffel Backpulver
- ¼ Teelöffel Kreuzkümmelpulver
- 1 Teelöffel Zitronensaft
- 3 Esslöffel Tapiokamehl
- Olivenöl zum Braten

Richtungen:

Kombinieren Sie die Bohnen mit der Petersilie, der Zwiebel und den restlichen Zutaten außer Öl und Mehl in Ihrer Küchenmaschine und vermischen Sie alles gut. Geben Sie die Mischung in eine Schüssel, geben Sie das Mehl hinzu, vermischen Sie alles gut, formen Sie aus dieser Mischung 16 Kugeln und drücken Sie diese etwas flach.

Die Pfanne bei mittlerer bis hoher Hitze vorheizen, die Falafel dazugeben, auf beiden Seiten 5 Minuten braten, etwas saugfähiges Papier auflegen, das überschüssige Fett abtropfen lassen, auf einem Servierteller anrichten und als Vorspeise servieren.

Nährwert (pro 100 g): 122 Kalorien, 6,2 g Fett, 12,3 g Kohlenhydrate, 3,1 g Protein, 699 mg Natrium

Hummus mit roter Paprika

Zubereitungszeit: 10 Minuten

Kochzeit: 0 Minuten

Portionen: 6

Schwierigkeitsgrad: leicht

Zutaten:

- 6 Unzen geröstete rote Paprika, geschält und gehackt
- 16 Unzen Kichererbsen aus der Dose, abgetropft und abgespült
- ¼ Tasse griechischer Joghurt
- 3 Esslöffel Tahini-Paste
- Saft von 1 Zitrone
- 3 Knoblauchzehen, gehackt
- 1 Esslöffel Olivenöl
- Eine Prise Salz und schwarzer Pfeffer
- 1 Esslöffel gehackte Petersilie

Richtungen:

In Ihrer Küchenmaschine die roten Paprikaschoten mit den restlichen Zutaten außer Öl und Petersilie vermischen und gut vermischen. Das Öl hinzufügen, erneut mixen, in Tassen verteilen, mit Petersilie bestreuen und als Partycreme servieren.

Nährwert (pro 100 g): 255 Kalorien, 11,4 g Fett, 17,4 g Kohlenhydrate, 6,5 g Protein, 593 mg Natrium

Weiße Bohnensauce

Zubereitungszeit: 10 Minuten

Kochzeit: 0 Minuten

Portionen: 4

Schwierigkeitsgrad: leicht

Zutaten:

- 15 Unzen weiße Bohnen aus der Dose, abgetropft und abgespült
- 6 Unzen Artischockenherzen aus der Dose, abgetropft und in Viertel geschnitten
- 4 Knoblauchzehen, gehackt
- 1 Esslöffel gehacktes Basilikum
- 2 Esslöffel Olivenöl
- Saft einer halben Zitrone
- Die abgeriebene Schale einer halben Zitrone
- Salz und schwarzer Pfeffer nach Geschmack

Richtungen:

In Ihrer Küchenmaschine die Bohnen mit den Artischocken und den restlichen Zutaten außer dem Öl vermischen und gut vermischen. Nach und nach das Öl hinzufügen, die Mischung erneut mixen, in Tassen verteilen und als Partysauce servieren.

Nährwert (pro 100 g): 27 Kalorien, 11,7 g Fett, 18,5 g Kohlenhydrate, 16,5 g Protein, 668 mg Natrium

Hummus mit gehacktem Lamm

Zubereitungszeit: 10 Minuten

Kochzeit: 15 Minuten

Portionen: 8

Schwierigkeitsgrad: leicht

Zutaten:

- 10 Unzen Hummus
- 12 Unzen Lammfleisch, gemahlen
- ½ Tasse Granatapfelkerne
- ¼ Tasse gehackte Petersilie
- 1 Esslöffel Olivenöl
- Pita-Chips zum Servieren

Richtungen:

Die Pfanne auf mittlerer bis hoher Hitze vorheizen, das Fleisch anbraten und 15 Minuten lang anbraten, dabei häufig umrühren. Den Hummus auf einem Servierteller verteilen, das Lammfleisch darauf verteilen, außerdem die Granatapfelkerne und die Petersilie darauf verteilen und mit Pita-Chips als Snack servieren.

Nährwert (pro 100 g): 133 Kalorien, 9,7 g Fett, 6,4 g Kohlenhydrate, 5,4 g Protein, 659 mg Natrium

Auberginensauce

Zubereitungszeit: 10 Minuten
Kochzeit: 40 Minuten
Portionen: 4
Schwierigkeitsgrad: leicht

Zutaten:

- 1 Aubergine, mit einer Gabel aufgespießt
- 2 Esslöffel Tahini-Paste
- 2 Esslöffel Zitronensaft
- 2 Knoblauchzehen, gehackt
- 1 Esslöffel Olivenöl
- Salz und schwarzer Pfeffer nach Geschmack
- 1 Esslöffel gehackte Petersilie

Richtungen:

Auberginen auf ein Backblech legen, 40 Minuten bei 400 Grad backen, abkühlen lassen, schälen und in die Küchenmaschine geben. Die restlichen Zutaten außer der Petersilie vermischen, gut vermischen, in kleine Schüsseln verteilen und als Vorspeise mit bestreuter Petersilie servieren.

Nährwert (pro 100 g): 121 Kalorien, 4,3 g Fett, 1,4 g Kohlenhydrate, 4,3 g Protein, 639 mg Natrium

Vegetarische Pfannkuchen

Zubereitungszeit: 10 Minuten

Kochzeit: 10 Minuten

Portionen: 8

Schwierigkeitsgrad: leicht

Zutaten:

- 2 Knoblauchzehen, gehackt
- 2 gelbe Zwiebeln, gehackt
- 4 Schalotten, gehackt
- 2 Karotten, gerieben
- 2 Teelöffel Kreuzkümmel, gemahlen
- ½ Teelöffel Kurkumapulver
- Salz und schwarzer Pfeffer nach Geschmack
- ¼ Teelöffel Koriander, gemahlen
- 2 Esslöffel gehackte Petersilie
- ¼ Teelöffel Zitronensaft
- ½ Tasse Mandelmehl
- 2 Rote Bete, geschält und gerieben
- 2 geschlagene Eier
- ¼ Tasse Tapiokamehl
- 3 Esslöffel Olivenöl

Richtungen:

In einer Schüssel den Knoblauch mit den Zwiebeln, Schalotten und den restlichen Zutaten außer dem Öl vermischen, gut vermischen und aus dieser Mischung mittelgroße Pfannkuchen formen.

Die Pfanne bei mittlerer bis hoher Hitze vorheizen, die Pfannkuchen anrichten, auf jeder Seite 5 Minuten backen, auf einem Servierteller anrichten und servieren.

Nährwert (pro 100 g): 209 Kalorien, 11,2 g Fett, 4,4 g Kohlenhydrate, 4,8 g Protein, 726 mg Natrium

Bulgur-Lammfleischbällchen

Zubereitungszeit: 10 Minuten

Kochzeit: 15 Minuten

Portionen: 6

Schwierigkeitsgrad: leicht

Zutaten:

- 1 ½ Tassen griechischer Joghurt
- ½ Teelöffel Kreuzkümmel, gemahlen
- 1 Tasse Gurke, gehackt
- ½ Teelöffel gehackter Knoblauch
- Eine Prise Salz und schwarzer Pfeffer
- 1 Tasse Bulgur
- 2 Tassen Wasser
- 1 Pfund Lammfleisch, gemahlen
- ¼ Tasse gehackte Petersilie
- ¼ Tasse Schalotten, gehackt
- ½ Teelöffel Piment, gemahlen
- ½ Teelöffel gemahlener Zimt
- 1 Esslöffel Olivenöl

Richtungen:

Den Bulgur mit Wasser vermischen, die Schüssel abdecken, 10 Minuten stehen lassen, abtropfen lassen und in eine Schüssel geben. Das Fleisch, den Joghurt und die restlichen Zutaten außer dem Öl dazugeben, gut vermischen und aus dieser Mischung mittelgroße Fleischbällchen formen. Die Pfanne auf mittlerer bis hoher Hitze vorheizen, die Fleischbällchen hinzufügen, auf jeder Seite 7 Minuten braten, alles auf einem Servierteller anrichten und als Vorspeise servieren.

Nährwert (pro 100 g): 300 Kalorien, 9,6 g Fett, 22,6 g Kohlenhydrate, 6,6 g Protein, 644 mg Natrium

Gefüllte Avocado

Zubereitungszeit: 10 Minuten

Kochzeit: 0 Minuten

Portionen: 2

Schwierigkeitsgrad: leicht

Zutaten:

- 1 Avocado, halbiert und entkernt
- 10 Unzen Thunfisch aus der Dose, abgetropft
- 2 Esslöffel getrocknete Tomaten, gehackt
- 1 ½ Esslöffel Basilikumpesto
- 2 Esslöffel schwarze Oliven, entkernt und gehackt
- Salz und schwarzer Pfeffer nach Geschmack
- 2 Teelöffel Pinienkerne, geröstet und gehackt
- 1 Esslöffel gehacktes Basilikum

Richtungen:

Den Thunfisch mit den getrockneten Tomaten und den restlichen Zutaten außer der Avocado vermischen und vermischen. Die Avocadohälften mit der Thunfischmischung füllen und als Vorspeise servieren.

Nährwert (pro 100 g): 233 Kalorien, 9 g Fett, 11,4 g Kohlenhydrate, 5,6 g Protein, 735 mg Natrium

Eingewickelte Pflaumen

Zubereitungszeit: 5 Minuten

Kochzeit: 0 Minuten

Portionen: 8

Schwierigkeitsgrad: leicht

Zutaten:

- 2 Unzen Schinken, in 16 Stücke geschnitten
- 4 Pflaumen, in Viertel geschnitten
- 1 Esslöffel gehackter Schnittlauch
- Eine Prise rote Paprikaflocken, zerstoßen

Richtungen:

Jedes Pflaumenviertel mit einer Schinkenscheibe umwickeln, alles auf einer Servierplatte anrichten, mit Schnittlauch und Pfefferflocken bestreuen und servieren.

Nährwert (pro 100 g): 30 Kalorien, 1 g Fett, 4 g Kohlenhydrate, 2 g Protein, 439 mg Natrium

Marinierter Feta und Artischocken

Vorbereitungszeit: 10 Minuten plus 4 Stunden Inaktivität

Kochzeit: 10 Minuten

Portionen: 2

Schwierigkeitsgrad: leicht

Zutaten:

- 4 Unzen traditioneller griechischer Feta, in ½-Zoll-Würfel geschnitten
- 4 Unzen abgetropfte Artischockenherzen, der Länge nach geviertelt
- 1/3 Tasse natives Olivenöl extra
- Schale und Saft von 1 Zitrone
- 2 Esslöffel grob gehackter frischer Rosmarin
- 2 Esslöffel grob gehackte frische Petersilie
- ½ Teelöffel schwarze Pfefferkörner

Richtungen:

In einer Glasschüssel Feta und Artischockenherzen vermengen. Olivenöl, Zitronenschale und -saft, Rosmarin, Petersilie und Pfefferkörner dazugeben und vorsichtig umrühren, dabei darauf achten, dass der Feta nicht zerbröselt.

4 Stunden oder bis zu 4 Tage kalt stellen. 30 Minuten vor dem Servieren aus dem Kühlschrank nehmen.

Nährwert (pro 100 g): 235 Kalorien, 23 g Fett, 1 g Kohlenhydrate, 4 g Protein, 714 mg Natrium

Thunfischkroketten

Vorbereitungszeit: 40 Minuten, weitere Stunden zum Abkühlen über Nacht

Kochzeit: 25 Minuten

Portionen: 36

Schwierigkeitsgrad: schwierig

Zutaten:

- 6 Esslöffel natives Olivenöl extra, plus 1 bis 2 Tassen
- 5 Esslöffel Mandelmehl plus 1 Tasse, geteilt
- 1¼ Tassen Sahne
- 1 Dose Gelbflossen-Thunfisch, verpackt in Olivenöl
- 1 Esslöffel gehackte rote Zwiebel
- 2 Teelöffel gehackte Kapern
- ½ Teelöffel getrockneter Dill
- ¼ Teelöffel frisch gemahlener schwarzer Pfeffer
- 2 große Eier
- 1 Tasse Panko-Semmelbrösel (oder eine glutenfreie Variante)

Richtungen:

In einer großen Pfanne 6 Esslöffel Olivenöl bei mittlerer bis niedriger Hitze erhitzen. Fügen Sie 5 Esslöffel Mandelmehl hinzu und kochen Sie es unter ständigem Rühren 2 bis 3 Minuten lang, bis eine glatte Paste entsteht und das Mehl leicht gebräunt ist.

Wählen Sie die Hitze auf mittlere bis hohe Stufe und fügen Sie nach und nach Schlagsahne hinzu, unter ständigem Rühren, bis sie vollständig glatt und eingedickt ist, weitere 4 bis 5 Minuten. Thunfisch, rote Zwiebeln, Kapern, Dill und Pfeffer herausnehmen und hinzufügen.

Übertragen Sie die Mischung in eine gut mit Olivenöl bestrichene quadratische 20 cm große Auflaufform und stellen Sie sie bei Zimmertemperatur beiseite. Einwickeln und 4 Stunden oder bis über Nacht kalt stellen. Um die Kroketten zu formen, stellen Sie drei Schüsseln bereit. In einem Schlag die Eier verquirlen. In eine andere das restliche Mandelmehl geben. Im dritten Schritt das Panko hinzufügen. Ein Backblech mit Backpapier auslegen.

Geben Sie etwa einen Esslöffel kalt zubereiteten Teig in die Mehlmischung und rollen Sie ihn aus, bis er bedeckt ist. Überschüssiges abschütteln und mit den Händen zu einem Oval ausrollen.

Tauchen Sie die Kroketten in das geschlagene Ei und bestreichen Sie sie dann leicht mit dem Panko. Auf ein mit Backpapier ausgelegtes Backblech legen und mit dem restlichen Teig wiederholen.

In einem kleinen Topf die restlichen 1–2 Tassen Olivenöl bei mittlerer bis hoher Hitze erhitzen.

Sobald das Öl erhitzt ist, braten Sie je nach Pfannengröße 3 oder 4 Kroketten auf einmal an und nehmen Sie sie mit einem Schaumlöffel heraus, wenn sie goldbraun sind. Sie müssen die Temperatur des Öls von Zeit zu Zeit anpassen, damit es nicht verbrennt. Wenn die Kroketten sehr schnell dunkelbraun werden, senken Sie die Temperatur.

Nährwert (pro 100 g): 245 Kalorien, 22 g Fett, 1 g Kohlenhydrate, 6 g Protein, 801 mg Natrium

Roher geräucherter Lachs

Zubereitungszeit: 10 Minuten

Kochzeit: 15 Minuten

Portionen: 4

Schwierigkeitsgrad: leicht

Zutaten:

- 6 Unzen wild geräucherter Lachs
- 2 Esslöffel geröstete Knoblauch-Aioli
- 1 Esslöffel Dijon-Senf
- 1 Esslöffel gehackte Schalotten, nur die grünen Teile
- 2 Teelöffel gehackte Kapern
- ½ Teelöffel getrockneter Dill
- 4 Endivienstangen oder Römersalat
- ½ englische Gurke, in ¼ Zoll dicke Scheiben geschnitten

Richtungen:

Den Räucherlachs grob hacken und in eine kleine Schüssel geben. Aioli, Dijon, Schalotten, Kapern und Dill dazugeben und gut vermischen. Endivienstangen und Gurkenscheiben mit einem Löffel geräucherter Lachsmischung belegen und kalt genießen.

Nährwert (pro 100 g): 92 Kalorien, 5 g Fett, 1 g Kohlenhydrate, 9 g Protein, 714 mg Natrium

Mit Zitrusfrüchten marinierte Oliven

Zubereitungszeit: 4 Stunden

Kochzeit: 0 Minuten

Portionen: 2

Schwierigkeitsgrad: leicht

Zutaten:

- 2 Tassen gemischte grüne Oliven mit Kernen
- ¼ Tasse Rotweinessig
- ¼ Tasse natives Olivenöl extra
- 4 Knoblauchzehen, fein gehackt
- Die Schale und der Saft einer großen Orange
- 1 Teelöffel rote Paprikaflocken
- 2 Lorbeerblätter
- ½ Teelöffel gemahlener Kreuzkümmel
- ½ Teelöffel gemahlener Piment

Richtungen:

Oliven, Essig, Öl, Knoblauch, Orangenschale und -saft, Chiliflocken, Lorbeerblätter, Kreuzkümmel und Piment unterrühren und gut vermischen. Verschließen und 4 Stunden oder bis zu einer Woche lang kalt stellen, damit die Oliven marinieren können, vor dem Servieren erneut umrühren.

Nährwert (pro 100 g): 133 Kalorien, 14 g Fett, 2 g Kohlenhydrate, 1 g Protein, 714 mg Natrium

Oliventapenade mit Sardellen

Vorbereitungszeit: 1 Stunde und 10 Minuten

Kochzeit: 0 Minuten

Portionen: 2

Schwierigkeitsgrad: mittel

Zutaten:

- 2 Tassen entkernte Kalamata-Oliven oder andere schwarze Oliven
- 2 Sardellenfilets, gehackt
- 2 Teelöffel gehackte Kapern
- 1 Knoblauchzehe, fein gehackt
- 1 gekochtes Eigelb
- 1 Teelöffel Dijon-Senf
- ¼ Tasse natives Olivenöl extra
- Seedy Cracker, vielseitiges rundes Sandwich oder Gemüse, servieren (optional)

Richtungen:

Spülen Sie die Oliven in kaltem Wasser ab und lassen Sie sie gut abtropfen. Geben Sie die abgetropften Oliven, Sardellen, Kapern, Knoblauch, Eigelb und Dijon in eine Küchenmaschine, einen Mixer oder ein großes Glas (bei Verwendung eines Stabmixers). Verarbeiten, bis eine dicke Paste entsteht. Während des Laufens nach und nach das Olivenöl einfüllen.

In eine kleine Schüssel geben, abdecken und mindestens 1 Stunde im Kühlschrank lagern, damit sich die Aromen entfalten können. Servieren Sie es mit Seedy Crackern, auf Versatile Sandwich Rounds oder mit Ihrem Lieblings-Knuspergemüse.

Nährwert (pro 100 g): 179 Kalorien, 19 g Fett, 2 g Kohlenhydrate, 2 g Protein, 82 mg Natrium

Griechische Teufelseier

Zubereitungszeit: 45 Minuten

Kochzeit: 15 Minuten

Portionen: 4

Schwierigkeitsgrad: leicht

Zutaten:

- 4 große hartgekochte Eier
- 2 Esslöffel geröstete Knoblauch-Aioli
- ½ Tasse fein geriebener Feta-Käse
- 8 entkernte Kalamata-Oliven, fein gehackt
- 2 Esslöffel gehackte getrocknete Tomaten
- 1 Esslöffel gehackte rote Zwiebel
- ½ Teelöffel getrockneter Dill
- ¼ Teelöffel frisch gemahlener schwarzer Pfeffer

Richtungen:

Die hartgekochten Eier der Länge nach halbieren, das Eigelb entfernen und in eine mittelgroße Schüssel geben. Die Eiweißhälften aufbewahren und beiseite stellen. Das Eigelb mit einer Gabel gut zerdrücken. Aioli, Feta, Oliven, sonnengetrocknete Tomaten, Zwiebeln, Dill und Pfeffer hinzufügen und verrühren, bis eine glatte und cremige Masse entsteht.

Die Füllung in jede Eiweißhälfte gießen und abgedeckt 30 Minuten oder bis zu 24 Stunden kalt stellen.

Nährwert (pro 100 g): 147 Kalorien, 11 g Fett, 6 g Kohlenhydrate, 9 g Protein, 736 mg Natrium

Manchego-Cracker

Vorbereitungszeit: 1 Stunde und 15 Minuten

Kochzeit: 15 Minuten

Portionen: 20

Schwierigkeitsgrad: schwierig

Zutaten:

- 4 Esslöffel Butter, zimmerwarm
- 1 Tasse fein geriebener Manchego-Käse
- 1 Tasse Mandelmehl
- 1 Teelöffel Salz, geteilt
- ¼ Teelöffel frisch gemahlener schwarzer Pfeffer
- 1 großes Ei

Richtungen:

Mit einem Elektromixer die Butter und den geriebenen Käse durchsieben, bis alles gut vermischt und glatt ist. Mandelmehl mit je ½ Teelöffel Salz und Pfeffer unterrühren. Die Mandelmehlmischung nach und nach unter ständigem Rühren mit dem Käse vermischen, bis sich der Teig zu einer Kugel zusammenfügt.

Legen Sie ein Stück Pergament oder Plastikfolie darauf und rollen Sie es zu einem etwa 3,5 cm dicken zylindrischen Baumstamm. Gut verschließen und mindestens 1 Stunde einfrieren. Heizen Sie den

Ofen auf 350 °F vor. Legen Sie Pergamentpapier oder Silikonbackformen auf 2 Backbleche.

Um das Ei zuzubereiten, verquirlen Sie das Ei und den restlichen halben Teelöffel Salz. Schneiden Sie den gekühlten Teig in kleine, etwa ¼ Zoll dicke Kreise und legen Sie diese auf die mit Backpapier ausgelegten Backbleche.

Crackeroberseiten mit Eiern waschen und backen, bis die Cracker goldbraun und knusprig sind. Zum Abkühlen auf ein Kuchengitter legen.

Heiß servieren oder, sobald es vollständig abgekühlt ist, bis zu 1 Woche in einem luftdichten Behälter im Kühlschrank aufbewahren.

Nährwert (pro 100 g): 243 Kalorien, 23 g Fett, 1 g Kohlenhydrate, 8 g Protein, 804 mg Natrium

Burrata Caprese-Stapel

Zubereitungszeit: 5 Minuten

Kochzeit: 0 Minuten

Portionen: 4

Schwierigkeitsgrad: leicht

Zutaten:

- 1 große Bio-Tomate, vorzugsweise Erbstück
- ½ Teelöffel Salz
- ¼ Teelöffel frisch gemahlener schwarzer Pfeffer
- 1 (4 Unzen) Kugel Burrata
- 8 frische Basilikumblätter, in dünne Scheiben schneiden
- 2 Esslöffel natives Olivenöl extra
- 1 Esslöffel Rotwein oder Balsamico-Essig

Richtungen:

Die Tomate in 4 dicke Scheiben schneiden, das Kerngehäuse entfernen und mit Salz und Pfeffer bestreuen. Tomaten mit der gewürzten Seite nach oben auf einen Teller legen. Auf einem separaten Teller mit Rand die Burrata in vier dicke Scheiben schneiden und eine auf jede Tomatenscheibe legen. Jeweils mit einem Viertel des Basilikums bedecken und die übrig gebliebene Burrata-Creme vom Teller mit Rand darübergießen.

Mit Olivenöl und Essig beträufeln und mit Gabel und Messer servieren.

Nährwert (pro 100 g): 153 Kalorien, 13 g Fett, 1 g Kohlenhydrate, 7 g Protein, 633 mg Natrium

Ricotta-Zucchini-Krapfen mit Zitronen-Knoblauch-Aioli

Vorbereitungszeit: 10 Minuten plus 20 Minuten Ruhe
Kochzeit: 25 Minuten
Portionen: 4
Schwierigkeitsgrad: schwierig

Zutaten:

- 1 große Zucchini oder 2 kleine/mittlere
- 1 Teelöffel Salz, geteilt
- ½ Tasse Vollmilch-Hüttenkäse
- 2 Schalotten
- 1 großes Ei
- 2 Knoblauchzehen, fein gehackt
- 2 Esslöffel gehackte frische Minze (optional)
- 2 Teelöffel abgeriebene Zitronenschale
- ¼ Teelöffel frisch gemahlener schwarzer Pfeffer
- ½ Tasse Mandelmehl
- 1 Teelöffel Backpulver
- 8 Esslöffel natives Olivenöl extra
- 8 Esslöffel geröstete Knoblauch-Aioli oder Avocadoöl-Mayo

Richtungen:

Legen Sie die gehackte Zucchini in ein Sieb oder auf mehrere Lagen Papiertücher. Mit ½ Teelöffel Salz bestreuen und 10 Minuten ruhen lassen. Drücken Sie mit einer weiteren Schicht Papiertüchern auf die Zucchini, um überschüssige Feuchtigkeit zu entfernen, und tupfen Sie sie trocken. Abgetropfte Zucchini, Ricotta, Schalotte, Ei, Knoblauch, Minze (falls verwendet), Zitronenschale, den restlichen halben Teelöffel Salz und Pfeffer unterrühren.

Mandelmehl und Backpulver vermischen. Die Mehlmischung unter die Zucchinimasse rühren und 10 Minuten ruhen lassen. In einer großen Pfanne die Pfannkuchen in vier Portionen braten. Für jede Portion von vier Stück 2 Esslöffel Olivenöl bei mittlerer bis hoher Hitze erhitzen. 1 gehäuften Esslöffel Zucchini-Teig pro Pfannkuchen hinzufügen und mit der Rückseite eines Löffels andrücken, sodass Pfannkuchen mit einem Durchmesser von 5 bis 7 cm entstehen. Abdecken und 2 Minuten braten lassen, bevor man sie wendet. Zugedeckt weitere 2-3 Minuten braten, bis es knusprig, goldbraun und durchgegart ist. Möglicherweise müssen Sie die Hitze auf mittlere Stufe reduzieren, um ein Anbrennen zu verhindern. Aus der Pfanne nehmen und warm halten.

Wiederholen Sie den Vorgang für die restlichen drei Portionen und verwenden Sie für jede Portion 2 Esslöffel Olivenöl. Heiße Pfannkuchen mit Aioli servieren.

Nährwert (pro 100 g): 448 Kalorien, 42 g Fett, 2 g Kohlenhydrate, 8 g Protein, 744 mg Natrium

Mit Lachs gefüllte Gurken

Zubereitungszeit: 10 Minuten

Kochzeit: 0 Minuten

Portionen: 4

Schwierigkeitsgrad: leicht

Zutaten:

- 2 große Gurken, geschält
- 1 (4 Unzen) Dose Rotlachs
- 1 mittelgroße, sehr reife Avocado
- 1 Esslöffel natives Olivenöl extra
- Die Schale und der Saft einer Limette
- 3 Esslöffel gehackter frischer Koriander
- ½ Teelöffel Salz
- ¼ Teelöffel frisch gemahlener schwarzer Pfeffer

Richtungen:

Schneiden Sie die Gurke in 2,5 cm dicke Stücke, kratzen Sie mit einem Löffel die Kerne aus der Mitte jedes Stücks und stellen Sie sie auf einen Teller. In einer mittelgroßen Schüssel Lachs, Avocado, Olivenöl, Limettenschale und -saft, Koriander, Salz und Pfeffer vermischen und cremig rühren.

Die Lachsmischung in die Mitte jeder Gurkenscheibe geben und kalt servieren.

Nährwert (pro 100 g): 159 Kalorien, 11 g Fett, 3 g Kohlenhydrate, 9 g Protein, 739 mg Natrium

Ziegenkäse-Makrelen-Pastete

Zubereitungszeit: 10 Minuten

Kochzeit: 0 Minuten

Portionen: 4

Schwierigkeitsgrad: leicht

Zutaten:

- 4 Unzen wilde Makrele, eingelegt in Olivenöl
- 2 Unzen Ziegenkäse
- Schale und Saft von 1 Zitrone
- 2 Esslöffel gehackte frische Petersilie
- 2 Esslöffel gehackter frischer Rucola
- 1 Esslöffel natives Olivenöl extra
- 2 Teelöffel gehackte Kapern
- 1-2 Teelöffel frischer Meerrettich (optional)
- Cracker, Gurkenscheiben, Endivien- oder Selleriestangen zum Servieren (optional)

Richtungen:

In einer Küchenmaschine, einem Mixer oder einer großen Schüssel mit Stabmixer Makrele, Ziegenkäse, Zitronenschale und -saft, Petersilie, Rucola, Olivenöl, Kapern und Meerrettich (falls verwendet) vermischen. Pürieren oder mixen, bis eine glatte und cremige Konsistenz entsteht.

Mit Crackern, Gurkenscheiben, Endivien- oder Selleriestangen servieren. Zugedeckt im Kühlschrank bis zu 1 Woche haltbar.

Nährwert (pro 100 g): 118 Kalorien, 8 g Fett, 6 g Kohlenhydrate, 9 g Protein, 639 mg Natrium

Leckere mediterrane Bomben

Vorbereitungszeit: 4 Stunden und 15 Minuten
Kochzeit: 0 Minuten
Portionen: 6
Schwierigkeitsgrad: mittel

Zutaten:

- 1 Tasse zerbröckelter Ziegenkäse
- 4 Esslöffel Pesto in einem Glas
- 12 entkernte Kalamata-Oliven, fein gehackt
- ½ Tasse fein gehackte Walnüsse
- 1 Esslöffel gehackter frischer Rosmarin

Richtungen:

In einer mittelgroßen Schüssel Ziegenkäse, Pesto und Oliven verquirlen und mit einer Gabel gut vermischen. Zum Aushärten 4 Stunden einfrieren.

Formen Sie die Mischung mit Ihren Händen zu 6 Kugeln mit einem Durchmesser von etwa ¾ Zoll. Die Mischung wird klebrig sein.

Geben Sie die Walnüsse und den Rosmarin in eine kleine Schüssel und wälzen Sie die Ziegenkäsebällchen in der Walnussmischung, um sie zu bedecken. Bewahren Sie Fettbomben bis zu 1 Woche im Kühlschrank oder bis zu 1 Monat im Gefrierschrank auf.

Nährwert (pro 100 g): 166 Kalorien, 15 g Fett, 1 g Kohlenhydrate, 5 g Protein, 736 mg Natrium

Avocado-Gazpacho

Zubereitungszeit: 15 Minuten

Kochzeit: 10 Minuten

Portionen: 4

Schwierigkeitsgrad: leicht

Zutaten:

- 2 Tassen gehackte Tomaten
- 2 große reife Avocados, halbiert und entkernt
- 1 große Gurke, geschält und entkernt
- 1 mittelgroße Paprika (rot, orange oder gelb), gehackt
- 1 Tasse griechischer Vollmilchjoghurt
- ¼ Tasse natives Olivenöl extra
- ¼ Tasse gehackter frischer Koriander
- ¼ Tasse gehackte Schalotten, nur der grüne Teil
- 2 Esslöffel Rotweinessig
- Saft von 2 Limetten oder 1 Zitrone
- ½ bis 1 Teelöffel Salz
- ¼ Teelöffel frisch gemahlener schwarzer Pfeffer

Richtungen:

Mit einem Stabmixer Tomaten, Avocados, Gurken, Paprika, Joghurt, Olivenöl, Koriander, Schalotten, Essig und Limettensaft vermischen. Alles glatt rühren.

Würzen und mixen, um die Aromen zu vereinen. Kalt servieren.

Nährwert (pro 100 g): 392 Kalorien, 32 g Fett, 9 g Kohlenhydrate, 6 g Protein, 694 mg Natrium

Krabbenkuchen

Zubereitungszeit: 35 Minuten

Kochzeit: 20 Minuten

Portionen: 4

Schwierigkeitsgrad: mittel

Zutaten:

- 1 Pfund Jumbo-Klumpenkrabbe
- 1 großes Ei
- 6 Esslöffel geröstete Knoblauch-Aioli
- 2 Esslöffel Dijon-Senf
- ½ Tasse Mandelmehl
- ¼ Tasse gehackte rote Zwiebel
- 2 Teelöffel geräuchertes Paprikapulver
- 1 Teelöffel Selleriesalz
- 1 Teelöffel Knoblauchpulver
- 1 Teelöffel getrockneter Dill (optional)
- ½ Teelöffel frisch gemahlener schwarzer Pfeffer
- ¼ Tasse natives Olivenöl extra
- 4 große Blätter Bibb-Salat, dickes Rückgrat entfernt

Richtungen:

Geben Sie das Krabbenfleisch in eine große Schüssel, löffeln Sie die sichtbaren Schalen heraus und zerkleinern Sie das Fleisch dann mit einer Gabel. In einer kleinen Schüssel das Ei, 2 Esslöffel Aioli und Dijon-Senf verquirlen. Zum Krabbenfleisch geben und mit einer Gabel vermengen. Mandelmehl, rote Zwiebel, Paprika, Selleriesalz, Knoblauchpulver, Dill (falls verwendet) und Pfeffer hinzufügen und gut vermischen. 10-15 Minuten bei Zimmertemperatur ruhen lassen.

Formen Sie 8 kleine Kuchen mit einem Durchmesser von etwa 5 cm. Das Olivenöl bei mittlerer bis hoher Hitze kochen. Die Kuchen goldbraun braten, 2-3 Minuten pro Seite. Einwickeln, Hitze reduzieren und weitere 6–8 Minuten garen, oder bis es in der Mitte fest ist. Aus der Pfanne nehmen.

Zum Servieren zwei kleine Krabbenküchlein in jedes Salatblatt einwickeln und mit 1 Esslöffel Aioli garnieren.

Nährwert (pro 100 g): 344 Kalorien, 24 g Fett, 2 g Kohlenhydrate, 24 g Protein, 804 mg Natrium

Hühnersalat mit Orangen und Estragon

Zubereitungszeit: 15 Minuten

Kochzeit: 0 Minuten

Portionen: 4

Schwierigkeitsgrad: leicht

Zutaten:

- ½ Tasse griechischer Vollmilchjoghurt
- 2 Esslöffel Dijon-Senf
- 2 Esslöffel natives Olivenöl extra
- 2 Esslöffel frischer Estragon
- ½ Teelöffel Salz
- ¼ Teelöffel frisch gemahlener schwarzer Pfeffer
- 2 Tassen gekochtes, zerkleinertes Hähnchen
- ½ Tasse Mandelblättchen
- 4 bis 8 große Bibb-Salatblätter, ohne die harten Stiele
- 2 kleine reife Avocados, geschält und in dünne Scheiben geschnitten
- Schale von 1 Clementine oder ½ kleinen Orange (ca. 1 Esslöffel)

Richtungen:

In einer mittelgroßen Schüssel Joghurt, Senf, Olivenöl, Estragon, Orangenschale, Salz und Pfeffer vermischen und cremig rühren. Das zerkleinerte Hähnchenfleisch und die Mandeln dazugeben und vermengen.

Um die Wraps zusammenzustellen, geben Sie etwa eine halbe Tasse der Hühnersalatmischung in die Mitte jedes Salatblatts und belegen Sie es mit geschnittener Avocado.

Nährwert (pro 100 g): 440 Kalorien, 32 g Fett, 8 g Kohlenhydrate, 26 g Protein, 607 mg Natrium

Mit Feta und Quinoa gefüllte Pilze

Zubereitungszeit: 5 Minuten

Kochzeit: 8 Minuten

Portionen: 6

Schwierigkeitsgrad: mittel

Zutaten:

- 2 Esslöffel fein gehackter roter Pfeffer
- 1 Knoblauchzehe, gehackt
- ¼ Tasse gekochte Quinoa
- 1/8 Teelöffel Salz
- ¼ Teelöffel getrockneter Oregano
- 24 Champignons, ohne Stiel
- 2 Unzen zerbröckelter Feta
- 3 Esslöffel Vollkorn-Semmelbrösel
- Kochspray mit Olivenöl

Richtungen:

Heißluftfritteuse auf 360 °F vorheizen. In einer kleinen Schüssel Paprika, Knoblauch, Quinoa, Salz und Oregano vermischen. Gießen Sie die Quinoa-Füllung in die Pilzkappen, bis sie voll sind. Auf jeden Pilz ein kleines Stück Feta geben. Streuen Sie eine Prise Semmelbrösel über den Feta jedes Pilzes.

Besprühen Sie den Korb der Heißluftfritteuse mit Kochspray auf Olivenölbasis und legen Sie die Pilze dann vorsichtig in den Korb. Achten Sie darauf, dass sie sich nicht berühren.

Stellen Sie den Korb in die Heißluftfritteuse und garen Sie ihn 8 Minuten lang. Aus der Heißluftfritteuse nehmen und servieren.

Nährwert (pro 100 g): 97 Kalorien, 4 g Fett, 11 g Kohlenhydrate, 7 g Protein, 677 mg Natrium

Falafel aus fünf Zutaten mit Joghurt und Knoblauchsauce

Zubereitungszeit: 5 Minuten
Kochzeit: 15 Minuten
Portionen: 4
Schwierigkeitsgrad: schwierig

Zutaten:

- Für die Falafel
- 1 (15 Unzen) Dose Kichererbsen, abgetropft und abgespült
- ½ Tasse frische Petersilie
- 2 Knoblauchzehen, gehackt
- ½ Esslöffel gemahlener Kreuzkümmel
- 1 Esslöffel Vollkornmehl
- Salz
- Für die Joghurt-Knoblauch-Sauce
- 1 Tasse fettfreier griechischer Joghurt
- 1 Knoblauchzehe, gehackt
- 1 Esslöffel gehackter frischer Dill
- 2 Esslöffel Zitronensaft
-

Richtungen:

Um Falafel zu machen

Heißluftfritteuse auf 360 °F vorheizen. Kichererbsen in eine Küchenmaschine geben. Pürieren, bis es fast zerkleinert ist, dann Petersilie, Knoblauch und Kreuzkümmel hinzufügen und noch ein paar Minuten mixen, bis die Zutaten eine Paste ergeben.

Fügen Sie das Mehl hinzu. Noch ein paar Mal mixen, bis alles gut vermischt ist. Die Mischung wird eine Konsistenz haben, aber die Kichererbsen müssen in kleine Stücke gehackt werden. Rollen Sie den Teig mit sauberen Händen in 8 gleich große Kugeln und tupfen Sie die Kugeln dann leicht ab, sodass sie etwa ½ dicke Scheiben ergeben.

Besprühen Sie den Korb der Heißluftfritteuse mit Olivenöl-Kochspray und legen Sie dann die Falafel-Pastetchen in einer einzigen Schicht in den Korb. Achten Sie darauf, dass sie sich nicht berühren. 15 Minuten in der Heißluftfritteuse frittieren.

Für die Joghurt-Knoblauch-Sauce

Joghurt, Knoblauch, Dill und Zitronensaft verrühren. Sobald die Falafel gar und von allen Seiten schön gebräunt sind, nehmen Sie sie aus der Heißluftfritteuse und würzen Sie sie mit Salz. Mit der Soße heiß servieren und servieren.

Nährwert (pro 100 g): 151 Kalorien, 2 g Fett, 10 g Kohlenhydrate, 12 g Protein, 698 mg Natrium

Zitronengarnelen mit Knoblauch-Olivenöl

Zubereitungszeit: 5 Minuten

Kochzeit: 6 Minuten

Portionen: 4

Schwierigkeitsgrad: mittel

Zutaten:

- 1 Pfund mittelgroße Garnelen, gereinigt und geschält
- ¼ Tasse plus 2 Esslöffel Olivenöl, geteilt
- Saft einer halben Zitrone
- 3 Knoblauchzehen, gehackt und geteilt
- ½ Teelöffel Salz
- ¼ Teelöffel rote Paprikaflocken
- Zitronenschnitze zum Servieren (optional)
- Marinara-Sauce zum Dippen (optional)

Richtungen:

Heißluftfritteuse auf 380 °F vorheizen. Garnelen mit 2 Esslöffeln Olivenöl, Zitronensaft, 1/3 Tasse gehacktem Knoblauch, Salz und roten Pfefferflocken hinzufügen und gut bestreichen.

In einer kleinen Auflaufform das restliche ¼ Tasse Olivenöl und den restlichen gehackten Knoblauch vermischen. 12 x 12 Zoll große Aluminiumfolie zerreißen. Legen Sie die Garnelen in die Mitte der Folie, falten Sie dann die Seiten ein und falten Sie die

Ränder zusammen, sodass oben eine offene Folienschale entsteht. Legen Sie dieses Paket in den Korb der Heißluftfritteuse.

Braten Sie die Garnelen 4 Minuten lang, öffnen Sie dann die Heißluftfritteuse und legen Sie die Auflaufform mit Öl und Knoblauch in den Korb neben der Garnelenpackung. Weitere 2 Minuten kochen lassen. Übertragen Sie die Garnelen zum Dippen auf eine Platte oder ein Tablett mit der Knoblauch-Olivenöl-Auflaufförmchen als Beilage. Auf Wunsch können Sie es auch mit Zitronenspalten und Marinara-Sauce servieren.

Nährwert (pro 100 g): 264 Kalorien, 21 g Fett, 10 g Kohlenhydrate, 16 g Protein, 473 mg Natrium

Knusprige grüne Bohnen mit Zitronen-Joghurt-Sauce

Zubereitungszeit: 5 Minuten

Kochzeit: Fünf Minuten

Portionen: 4

Schwierigkeitsgrad: mittel

Zutaten:

- <u>Für die grünen Bohnen</u>
- 1 Ei
- 2 Esslöffel Wasser
- 1 Esslöffel Vollkornmehl
- ¼ Teelöffel Paprika
- ½ Teelöffel Knoblauchpulver
- ½ Teelöffel Salz
- ¼ Tasse Vollkorn-Semmelbrösel
- ½ Pfund ganze grüne Bohnen
- <u>Für die Joghurt-Zitronen-Sauce</u>
- ½ Tasse fettfreier griechischer Joghurt
- 1 Esslöffel Zitronensaft
- ¼ Teelöffel Salz
- 1/8 Teelöffel Cayennepfeffer

Richtung:

Um grüne Bohnen zuzubereiten

Heißluftfritteuse auf 380 °F vorheizen.

In einer mittelgroßen Schüssel das Ei und das Wasser schaumig schlagen. In einer separaten flachen mittelgroßen Schüssel Mehl, Paprika, Knoblauchpulver und Salz verquirlen und dann die Semmelbrösel hinzufügen.

Besprühen Sie den Boden der Heißluftfritteuse mit Kochspray. Tauchen Sie jede grüne Bohne in die Eimischung, dann in die Semmelbröselmischung und bestreichen Sie die Außenseite mit Krümeln. Legen Sie die grünen Bohnen in einer einzigen Schicht auf den Boden des Heißluftfritteusenkorbs.

In der Heißluftfritteuse 5 Minuten frittieren oder bis die Panade goldbraun ist.

Für die Joghurt-Zitronen-Sauce

Joghurt, Zitronensaft, Salz und Cayennepfeffer unterrühren. Servieren Sie die grünen Bohnenchips zusammen mit dem Zitronen-Joghurt-Dip als Snack oder Vorspeise.

Nährwert (pro 100 g): 88 Kalorien, 2 g Fett, 10 g Kohlenhydrate, 7 g Protein, 697 mg Natrium

Hausgemachte Pita-Chips mit Meersalz

Zubereitungszeit: 2 Minuten

Kochzeit: 8 Minuten

Portionen: 2

Schwierigkeitsgrad: leicht

Zutaten:

- 2 Vollkorn-Focaccias
- 1 Esslöffel Olivenöl
- ½ Teelöffel koscheres Salz

Richtungen

Heißluftfritteuse auf 360 °F vorheizen. Jedes Pita in 8 Spalten schneiden. In einer mittelgroßen Schüssel die Pitaspalten, das Olivenöl und das Salz vermischen, bis die Spalten bedeckt sind und das Olivenöl und das Salz gleichmäßig verteilt sind.

Legen Sie die Pita-Wedges in einer gleichmäßigen Schicht in den Heißluftfritteusenkorb und braten Sie sie 6 bis 8 Minuten lang.

Bei Bedarf mit zusätzlichem Salz würzen. Allein oder mit einem Lieblingsdip servieren.

Nährwert (pro 100 g): 230 Kalorien, 8 g Fett, 11 g Kohlenhydrate, 6 g Protein, 810 mg Natrium

Gebackene Spanakopita-Sauce

Zubereitungszeit: 10 Minuten

Kochzeit: 15 Minuten

Portionen: 2

Schwierigkeitsgrad: mittel

Zutaten:

- Kochspray mit Olivenöl
- 3 Esslöffel Olivenöl, geteilt
- 2 Esslöffel gehackte weiße Zwiebel
- 2 Knoblauchzehen, gehackt
- 4 Tassen frischer Spinat
- 4 Unzen Frischkäse, weich
- 4 Unzen Feta-Käse, geteilt
- Schale von 1 Zitrone
- ¼ Teelöffel gemahlene Muskatnuss
- 1 Teelöffel getrockneter Dill
- ½ Teelöffel Salz
- Pita-Chips, Karottenstifte oder geschnittenes Brot zum Servieren (optional)

Richtungen:

Heißluftfritteuse auf 360 °F vorheizen. Die Innenseite einer 6-Zoll-Auflaufform oder Auflaufform mit Olivenöl-Kochspray bestreichen.

In einer großen Pfanne bei mittlerer Hitze 1 Esslöffel Olivenöl erhitzen. Fügen Sie die Zwiebel hinzu und kochen Sie sie dann 1 Minute lang. Fügen Sie den Knoblauch hinzu und kochen Sie ihn unter Rühren noch eine Minute lang.

Reduzieren Sie die Hitze und fügen Sie Spinat und Wasser hinzu. Kochen, bis der Spinat zusammengefallen ist. Nehmen Sie die Pfanne vom Herd. In einer mittelgroßen Schüssel Frischkäse, 2 Unzen Feta und das restliche Olivenöl, Zitronenschale, Muskatnuss, Dill und Salz verquirlen. Mischen, bis alles gut vermischt ist.

Das Gemüse zur Käsebasis geben und gut verrühren. Gießen Sie die Dip-Mischung in die vorbereitete Auflaufform und belegen Sie sie mit den restlichen 2 Unzen Feta-Käse.

Geben Sie die Sauce in den Heißluftfritteusenkorb und kochen Sie sie 10 Minuten lang oder bis sie durchgewärmt ist und Blasen bildet. Mit Pita-Chips, Karottenstiften oder geschnittenem Brot servieren.

Nährwert (pro 100 g): 550 Kalorien, 52 g Fett, 21 g Kohlenhydrate, 14 g Protein, 723 mg Natrium

Geröstete Perlzwiebelsauce

Zubereitungszeit: 5 Minuten

Kochzeit: 12 Minuten plus 1 Stunde zum Abkühlen

Portionen: 4

Schwierigkeitsgrad: mittel

Zutaten:

- 2 Tassen geschälte Frühlingszwiebeln
- 3 Knoblauchzehen
- 3 Esslöffel Olivenöl, geteilt
- ½ Teelöffel Salz
- 1 Tasse fettfreier griechischer Joghurt
- 1 Esslöffel Zitronensaft
- ¼ Teelöffel schwarzer Pfeffer
- 1/8 Teelöffel rote Paprikaflocken
- Pita-Chips, Gemüse oder Toast zum Servieren (optional)

Richtungen:

Heißluftfritteuse auf 360 °F vorheizen. In einer großen Schüssel Frühlingszwiebeln und Knoblauch mit 2 Esslöffeln Olivenöl vermischen, bis die Zwiebeln gut bedeckt sind.

Die Knoblauch-Zwiebel-Mischung in den Frittierkorb geben und 12 Minuten kochen lassen. Knoblauch und Zwiebeln in eine Küchenmaschine geben. Das Gemüse mehrmals mixen, bis die Zwiebeln klein gehackt sind, aber noch ein paar Stücke übrig sind.

Den Knoblauch und die Zwiebeln sowie den restlichen Esslöffel Olivenöl zusammen mit Salz, Joghurt, Zitronensaft, schwarzem Pfeffer und roten Pfefferflocken hinzufügen. 1 Stunde abkühlen lassen, bevor es mit Pita-Chips, Gemüse oder Toast serviert wird.

Nährwert (pro 100 g): 150 Kalorien, 10 g Fett, 6 g Kohlenhydrate, 7 g Protein, 693 mg Natrium

Tapenade aus rotem Pfeffer

Zubereitungszeit: 5 Minuten

Kochzeit: Fünf Minuten

Portionen: 4

Schwierigkeitsgrad: mittel

Zutaten:

- 1 große rote Paprika
- 2 Esslöffel plus 1 Teelöffel Olivenöl
- ½ Tasse Kalamata-Oliven, entkernt und grob gehackt
- 1 Knoblauchzehe, gehackt
- ½ Teelöffel getrockneter Oregano
- 1 Esslöffel Zitronensaft

Richtungen:

Heizen Sie die Heißluftfritteuse auf 380 °F vor. Bestreichen Sie die Außenseite einer ganzen roten Paprika mit 1 Teelöffel Olivenöl und legen Sie sie in den Korb der Heißluftfritteuse. 5 Minuten kochen lassen. In einer mittelgroßen Schüssel die restlichen 2 Esslöffel Olivenöl mit den Oliven, Knoblauch, Oregano und Zitronensaft verrühren.

Nehmen Sie die rote Paprika aus der Fritteuse, schneiden Sie dann vorsichtig den Stiel ab und entfernen Sie die Kerne. Die geröstete Paprika grob in kleine Stücke schneiden.

Fügen Sie die rote Paprika zur Olivenmischung hinzu und vermischen Sie alles, bis alles gut vermischt ist. Mit Pita-Chips, Crackern oder knusprigem Brot servieren.

Nährwert (pro 100 g): 104 Kalorien, 10 g Fett, 9 g Kohlenhydrate, 1 g Protein, 644 mg Natrium

Griechische Kartoffelschalen mit Oliven und Feta

Zubereitungszeit: 5 Minuten
Kochzeit: 45 Minuten
Portionen: 4
Schwierigkeitsgrad: schwierig

Zutaten:

- 2 rotbraune Kartoffeln
- 3 Esslöffel Olivenöl
- 1 Teelöffel koscheres Salz, geteilt
- ¼ Teelöffel schwarzer Pfeffer
- 2 Esslöffel frischer Koriander
- ¼ Tasse Kalamata-Oliven, gewürfelt
- ¼ Tasse zerbröselter Feta
- Gehackte frische Petersilie zum Garnieren (optional)

Richtungen:

Heizen Sie die Heißluftfritteuse auf 380 °F vor. Stechen Sie mit einer Gabel zwei oder drei Löcher in die Kartoffeln und bestreichen Sie sie dann jeweils mit etwa einem halben Esslöffel Olivenöl und einem halben Teelöffel Salz.

Legen Sie die Kartoffeln in den Heißluftfritteusenkorb und kochen Sie sie 30 Minuten lang. Nehmen Sie die Kartoffeln aus der Heißluftfritteuse und schneiden Sie sie in zwei Hälften. Kratzen Sie das Fruchtfleisch der Kartoffeln mit einem Löffel ab, lassen Sie dabei eine ½ Zoll dicke Schicht Kartoffeln in den Schalen übrig und legen Sie die Schalen beiseite.

In einer mittelgroßen Schüssel Kartoffelhälften mit den restlichen 2 Esslöffeln Olivenöl, ½ Teelöffel Salz, schwarzem Pfeffer und Koriander vermischen. Mischen, bis alles gut vermischt ist. Teilen Sie die Kartoffelfüllung in die nun leeren Schalen auf und verteilen Sie sie gleichmäßig darauf. Jede Kartoffel mit einem Löffel Oliven und Feta garnieren.

Legen Sie die beladenen Kartoffelschalen zurück in die Fritteuse und kochen Sie sie 15 Minuten lang. Nach Belieben mit gehacktem Koriander oder Petersilie und einem Schuss Olivenöl servieren.

Nährwert (pro 100 g): 270 Kalorien, 13 g Fett, 34 g Kohlenhydrate, 5 g Protein, 672 mg Natrium

Artischocken-Oliven-Pita

Zubereitungszeit: 5 Minuten
Kochzeit: 10 Minuten
Portionen: 4
Schwierigkeitsgrad: leicht

Zutaten:

- 2 Vollkorn-Focaccias
- 2 Esslöffel Olivenöl, geteilt
- 2 Knoblauchzehen, gehackt
- ¼ Teelöffel Salz
- ½ Tasse Artischockenherzen aus der Dose, in Scheiben geschnitten
- ¼ Tasse Kalamata-Oliven
- ¼ Tasse geriebener Parmesankäse
- ¼ Tasse zerbröselter Feta
- Gehackte frische Petersilie zum Garnieren (optional)

Richtungen:

Heißluftfritteuse auf 380 °F vorheizen. Jede Pita mit 1 Esslöffel Olivenöl bestreichen und dann mit gehacktem Knoblauch und Salz bestreuen.

Artischockenherzen, Oliven und Käse gleichmäßig auf die beiden Focaccias verteilen und beides für 10 Minuten in die Heißluftfritteuse geben. Die Focaccias herausnehmen und vor dem Servieren jeweils in 4 Stücke schneiden. Nach Belieben Petersilie darüber streuen.

Nährwert (pro 100 g): 243 Kalorien, 15 g Fett, 10 g Kohlenhydrate, 7 g Protein, 644 mg Natrium

Feta- und Zucchini-Röllchen

Zubereitungszeit: 10 Minuten

Kochzeit: 10 Minuten

Portionen: 6

Schwierigkeitsgrad: mittel

Zutaten:

- ½ Tasse Feta
- 1 Knoblauchzehe, gehackt
- 2 Esslöffel frisches Basilikum, gehackt
- 1 Esslöffel Kapern, gehackt
- 1/8 Teelöffel Salz
- 1/8 Teelöffel rote Paprikaflocken
- 1 Esslöffel Zitronensaft
- 2 mittelgroße Zucchini
- 12 Zahnstocher

Richtungen:

Heißluftfritteuse auf 360 °F vorheizen. (Wenn Sie ein Grillzubehör verwenden, stellen Sie sicher, dass es sich beim Vorheizen in der Heißluftfritteuse befindet.) In einer kleinen Schüssel Feta, Knoblauch, Basilikum, Kapern, Salz, Chiliflocken und Zitronensaft vermischen.

Schneiden Sie die Zucchini der Länge nach in 1/8-Zoll-Streifen. (Jede Zucchini-Scheibe sollte etwa 6 Streifen ergeben.) 1 Esslöffel der Käsefüllung auf jede Zucchini-Scheibe streichen, dann aufrollen und mit einem Zahnstocher in der Mitte fixieren.

Legen Sie die Zucchiniröllchen einzeln in einer Schicht in den Heißluftfritteusenkorb. 10 Minuten in der Heißluftfritteuse garen oder grillen. Nehmen Sie die Zucchini-Röllchen aus der Fritteuse und entfernen Sie vor dem Servieren vorsichtig die Zahnstocher.

Nährwert (pro 100 g): 46 Kalorien, 3 g Fett, 6 g Kohlenhydrate, 3 g Protein, 710 mg Natrium

Quinoa-Pizza

Zubereitungszeit: 15 Minuten

Kochzeit: 30 Minuten

Portionen: 4

Schwierigkeitsgrad: leicht

Zutaten:

- 1 Tasse rohe Quinoa
- 2 große Eier
- ½ mittelgroße Zwiebel, gewürfelt
- 1 Tasse gewürfelte Paprika
- 1 Tasse geriebener Mozzarella
- 1 Esslöffel getrocknetes Basilikum
- 1 Esslöffel getrockneter Oregano
- 2 Teelöffel Knoblauchpulver
- 1/8 Teelöffel Salz
- 1 Teelöffel gehackte rote Paprika
- ½ Tasse geröstete rote Paprika, gehackt*
- Pizzasauce, etwa 1-2 Tassen

Richtungen:

Ofen auf 350 °F vorheizen. Quinoa nach Anleitung kochen. Alle Zutaten (außer Soße) in einer Schüssel vermischen. Alle Zutaten gut vermischen.

Gießen Sie die Quinoa-Pizzamischung gleichmäßig in die Muffinform. Für 12 Muffins. 30 Minuten backen, bis die Muffins goldbraun und die Ränder knusprig sind.

Mit 1 bis 2 Esslöffeln Pizzasauce belegen und genießen!

Nährwert (pro 100 g): 303 Kalorien, 6,1 g Fett, 41,3 g Kohlenhydrate, 21 g Protein, 694 mg Natrium

Rosmarin- und Walnussbrot

Zubereitungszeit: 5 Minuten

Kochzeit: 45 Minuten

Portionen: 8

Schwierigkeitsgrad: schwierig

Zutaten:

- ½ Tasse gehackte Walnüsse
- 4 Esslöffel gehackter frischer Rosmarin
- 1 1/3 Tassen warmes kohlensäurehaltiges Wasser
- 1 Esslöffel Honig
- ½ Tasse natives Olivenöl extra
- 1 Teelöffel Apfelessig
- 3 Eier
- 5 Teelöffel Instant-Trockenhefegranulat
- 1 Teelöffel Salz
- 1 Esslöffel Xanthangummi
- ¼ Tasse Buttermilchpulver
- 1 Tasse weißes Reismehl
- 1 Tasse Tapiokastärke
- 1 Tasse Pfeilwurzstärke
- 1 ¼ Tasse glutenfreie Allzweckmehlmischung von Bob's Red Mill

Richtungen:

In einer großen Schüssel die Eier gut verquirlen. 1 Tasse heißes Wasser, Honig, Olivenöl und Essig hinzufügen.

Unter ständigem Rühren die restlichen Zutaten außer Rosmarin und Walnüssen unterrühren.

Schlag weiter. Wenn der Teig zu dick ist, etwas warmes Wasser unterrühren. Der Teig sollte zottelig und dicht sein.

Dann den Rosmarin und die Walnüsse dazugeben und weiterkneten, bis sie gleichmäßig verteilt sind.

Decken Sie die Teigschüssel mit einem sauberen Tuch ab, stellen Sie sie an einen warmen Ort und lassen Sie den Teig 30 Minuten lang gehen.

Fünfzehn Minuten nach Beginn des Aufgehens den Ofen auf 200 °C vorheizen.

Fetten Sie einen 2-Liter-Schmortopf großzügig mit Olivenöl ein und heizen Sie ihn im Ofen ohne Deckel vor.

Sobald der Teig fertig aufgegangen ist, nehmen Sie die Form aus dem Ofen und legen Sie den Teig hinein. Mit einem feuchten Spatel die Oberseite des Teigs gleichmäßig in der Form verteilen.

Bestreichen Sie die Oberseite des Brotes mit 2 Esslöffeln Olivenöl, decken Sie den Schmortopf ab und backen Sie es 35 bis 45 Minuten lang. Sobald das Brot fertig gebacken ist, aus dem Ofen nehmen. Und das Brot vorsichtig aus der Form nehmen. Lassen Sie das Brot mindestens zehn Minuten abkühlen, bevor Sie es schneiden. Servieren und genießen.

Nährwert (pro 100 g): 424 Kalorien, 19 g Fett, 56,8 g Kohlenhydrate, 7 g Protein, 844 mg Natrium

Leckere mürrische Sandwiches

Zubereitungszeit: 5 Minuten

Kochzeit: 10 Minuten

Portionen: 4

Schwierigkeitsgrad: leicht

Zutaten:

- 1 Esslöffel Olivenöl
- Französisches Brot geteilt und diagonal in Scheiben geschnitten
- 1 Pfund Garnelenkrabbe
- ½ Tasse Sellerie
- ¼ Tasse gehackte Frühlingszwiebel
- 1 Teelöffel Worcestershire-Sauce
- 1 Teelöffel Zitronensaft
- 1 Esslöffel Dijon-Senf
- ½ Tasse helle Mayonnaise

Richtungen:

In einer mittelgroßen Schüssel Folgendes gründlich vermischen: Sellerie, Zwiebel, Worcestershire, Zitronensaft, Senf und Mayonnaise. Mit Pfeffer und Salz würzen. Dann vorsichtig die Mandeln und Krabben dazugeben.

Reiben Sie die Seiten der Brotscheiben mit Olivenöl ein und bestreichen Sie sie mit der Krabbenmischung, bevor Sie sie mit einer weiteren Brotscheibe bedecken.

Das Sandwich in einer Panini-Presse grillen, bis das Brot knusprig und knusprig ist.

Nährwert (pro 100 g): 248 Kalorien, 10,9 g Fett, 12 g Kohlenhydrate, 24,5 g Protein, 845 mg Natrium

Perfekte Pizza

Zubereitungszeit: 35 Minuten

Kochzeit: 15 Minuten

Portionen: 10

Schwierigkeitsgrad: schwierig

Zutaten:

- <u>Für den Pizzateig:</u>
- 2 Teelöffel Honig
- 1/4 Unze. Trockenhefe
- 11/4 Tassen heißes Wasser (ca. 120 °F)
- 2 Esslöffel Olivenöl
- 1 Teelöffel Meersalz
- 3 Tassen Vollkornmehl + 1/4 Tasse, falls zum Ausrollen benötigt
- <u>Für den Pizzabelag:</u>
- 1 Tasse Pesto
- 1 Tasse Artischockenherzen
- 1 Tasse verwelkte Spinatblätter
- 1 Tasse sonnengetrocknete Tomate
- 1/2 Tasse Kalamata-Oliven
- 4 Unzen. Feta Käse
- 4 Unzen. gemischter Käse zu gleichen Teilen fettarmer Mozzarella, Asiago und Provola-Olivenöl
- <u>Optionale Dichtungserweiterungen:</u>

- Pfeffer
- Hähnchenbrust, frische Basilikumstreifen
- Pinienkerne

Richtungen:

Für den Pizzateig:

Ofen auf 350°F vorheizen.

Honig und Hefe mit warmem Wasser in einer Küchenmaschine mit Teigaufsatz vermischen. Mischen Sie die Mischung, bis sie vollständig vermischt ist. Lassen Sie die Mischung 5 Minuten ruhen, um die Aktivität der Hefe durch das Auftreten von Blasen auf der Oberfläche sicherzustellen.

Olivenöl einfüllen. Das Salz hinzufügen und eine halbe Minute lang mixen. Fügen Sie nach und nach 3 Tassen Mehl hinzu, jeweils etwa eine halbe Tasse, und mischen Sie zwischen jeder Zugabe einige Minuten lang.

Lassen Sie die Mischung mit der Küchenmaschine 10 Minuten lang kneten, bis sie glatt und elastisch ist, und bestäuben Sie sie so oft wie nötig mit Mehl, um zu verhindern, dass der Teig an den Oberflächen der Schüssel der Küchenmaschine kleben bleibt.

Nehmen Sie den Teig aus der Schüssel. 15 Minuten ruhen lassen, abgedeckt mit einem warmen, feuchten Handtuch.

Rollen Sie den Teig etwa einen Zentimeter dick aus und bestreuen Sie ihn nach Bedarf mit Mehl. Mit einer Gabel wahllos Löcher in den Teig stechen, damit die Kruste keine Blasen wirft.

Den perforierten und ausgerollten Teig auf einen Pizzastein oder ein Backblech legen. 5 Minuten kochen lassen.

Für den Pizzabelag:

Den fertigen Pizzaboden leicht mit Olivenöl bestreichen.

Gießen Sie das Pesto darüber und verteilen Sie es gut auf der Oberfläche des Pizzabodens. Lassen Sie dabei einen halben Zoll Platz um den Rand herum (z. B. für die Kruste).

Die Pizza mit Artischockenherzen, welken Spinatblättern, getrockneten Tomaten und Oliven garnieren. (Bei Bedarf mit weiteren Beilagen belegen.) Die Oberseite mit Käse bedecken.

Legen Sie die Pizza direkt auf den Ofenrost. 10 Minuten kochen lassen, bis der Käse Blasen bildet und von der Mitte bis zum Ende schmilzt. Lassen Sie die Pizza 5 Minuten abkühlen, bevor Sie sie in Scheiben schneiden.

Nährwert (pro 100 g): 242,8 Kalorien, 15,1 g Fett, 15,7 g Kohlenhydrate, 14,1 g Protein, 942 mg Natrium

Mediterrane Margherita

Zubereitungszeit: 15 Minuten

Kochzeit: 15 Minuten

Portionen: 10

Schwierigkeitsgrad: schwierig

Zutaten:

- 1 Stück Pizzaschale
- 2 Esslöffel Olivenöl
- 1/2 Tasse zerdrückte Tomaten
- 3 Roma-Tomaten, in 0,6 cm dicke Scheiben geschnitten
- 1/2 Tasse frische Basilikumblätter, in dünne Scheiben geschnitten
- 6 Unzen Blockmozzarella, in 1/4-Zoll-Scheiben schneiden, mit Papiertüchern trocken tupfen
- 1/2 Teelöffel Meersalz

Richtungen:

Den Ofen auf 450 °F vorheizen.

Den Pizzaboden leicht mit Olivenöl bestreichen. Verteilen Sie die zerkleinerten Tomaten vorsichtig auf dem Pizzaboden und lassen Sie am Rand einen Zentimeter Platz als Kruste.

Die Pizza mit Roma-Tomatenscheiben, Basilikumblättern und Mozzarellascheiben garnieren. Bestreuen Sie die Pizza mit Salz.

Übertragen Sie die Pizza direkt auf den Ofenrost. Kochen, bis der Käse von der Mitte bis zur Kruste schmilzt. Vor dem Schneiden beiseite stellen.

Nährwert (pro 100 g): 251 Kalorien, 8 g Fett, 34 g Kohlenhydrate, 9 g Protein, 844 mg Natrium

Omelett gefüllt mit würzigen Zucchini- und Tomatengewürzen

Zubereitungszeit: 10 Minuten

Kochzeit: 15 Minuten

Portionen: 4

Schwierigkeitsgrad: leicht

Zutaten:

- 8 Stück Eier
- 1/4 Teelöffel rote Paprika, zerstoßen
- 1/4 Teelöffel Salz
- 1 Esslöffel Olivenöl
- 1 Stück kleine Zucchini, der Länge nach in dünne Scheiben geschnitten
- 1/2 Tasse rote oder gelbe Kirschtomaten, halbiert
- 1/3 Tasse Walnüsse, grob gehackt
- 2 Unzen. Kleine Häppchen frischer Mozzarella

Richtungen:

Den Grill vorheizen. In der Zwischenzeit die Eier, den zerstoßenen roten Pfeffer und das Salz in einer mittelgroßen Schüssel verquirlen. Beiseite legen.

Erhitzen Sie das Olivenöl in einer grillfesten 10-Zoll-Pfanne bei mittlerer bis hoher Hitze. Die Zucchinischeiben gleichmäßig auf dem Boden der Pfanne verteilen. 3 Minuten kochen lassen, dabei nach der Hälfte der Garzeit einmal wenden.

Die Zucchinischicht mit den Kirschtomaten bedecken. Die Eiermischung über das Gemüse in der Pfanne gießen. Mit Walnüssen und Mozzarella-Kugeln belegen.

Auf mittlere Hitze stellen. Kochen, bis die Seiten anfangen fest zu werden. Heben Sie das Omelett mit einem Spatel an, damit die rohen Teile der Eimischung darunter gleiten können.

Stellen Sie die Pfanne auf den Grill. Kochen Sie das Omelett 10 cm vom Herd entfernt 5 Minuten lang, bis die Oberfläche fest ist. Zum Servieren das Omelett in Spalten schneiden.

Nährwert (pro 100 g): 284 Kalorien, 14 g Fett, 4 g Kohlenhydrate, 17 g Protein, 788 mg Natrium

Bananen-Sauerrahmbrot

Zubereitungszeit: 10 Minuten

Kochzeit: 1 Stunde und 10 Minuten

Portionen: 32

Schwierigkeitsgrad: mittel

Zutaten:

- Weißer Zucker (0,25 Tassen)
- Zimt (1 Teelöffel + 2 Teelöffel)
- Butter (0,75)
- Weißer Zucker (3 Tassen)
- Eier (3)
- Sehr reife Bananen, püriert (6)
- Sauerrahm (16-Unzen-Behälter)
- Vanilleextrakt (2 Teelöffel)
- Salz (0,5 Teelöffel)
- Backpulver (3 Teelöffel)
- Allzweckmehl (4,5 Tassen)
- Optional: gehackte Walnüsse (1 Tasse)
- Außerdem benötigt: 4 - 7 x 3 Zoll große Pfannen

Richtungen:

Stellen Sie den Ofen auf 300° Fahrenheit ein. Fetten Sie die Brotformen ein.

Den Zucker und einen Teelöffel Zimt sieben. Die Pfanne mit der Mischung bestreuen.

Die Butter mit dem restlichen Zucker schaumig rühren. Die Bananen mit Eiern, Zimt, Vanille, Sauerrahm, Salz, Backpulver und Mehl zerdrücken. Werfen Sie die Nüsse zuletzt hinein.

Gießen Sie die Mischung in die Pfannen. Kochen Sie es eine Stunde lang. Aufschlag

Nährwert (pro 100 g): 263 Kalorien, 10,4 g Fett, 9 g Kohlenhydrate, 3,7 g Protein, 633 mg Natrium

Hausgemachtes Fladenbrot

Zubereitungszeit: 15 Minuten

Kochzeit: 5 Stunden (inklusive Steigzeiten)

Portionen: 7

Schwierigkeitsgrad: schwierig

Zutaten:

- Trockenhefe (0,25 oz)
- Zucker (0,5 Teelöffel)
- Brotmehl/Vollkorn und Allzweckmischung (2,5 Tassen oder mehr zum Bestäuben)
- Salz (0,5 Teelöffel)
- Wasser (0,25 Tasse oder nach Bedarf)
- Öl wie benötigt

Richtungen:

Hefe und Zucker in einer kleinen Rührschüssel in ¼ Tasse warmem Wasser auflösen. Etwa 15 Minuten warten (fertig, wenn es schaumig ist).

Mehl und Salz in einen anderen Behälter sieben. Machen Sie eine Mulde in der Mitte und geben Sie die Hefemischung (+) und eine Tasse Wasser hinein. Den Teig kneten.

Legen Sie es auf eine leicht bemehlte Oberfläche und kneten Sie es.

Einen Spritzer Öl auf den Boden einer großen Schüssel geben und den Teig ausrollen, bis er die Oberfläche bedeckt.

Legen Sie ein feuchtes Tuch über den Teigbehälter. Wickeln Sie die Schüssel mit einem feuchten Tuch ein und stellen Sie sie für mindestens zwei Stunden oder über Nacht an einen warmen Ort. (Der Teig verdoppelt sein Volumen.)

Den Teig kneten und das Brot kneten und in Kugeln teilen. Die Kugeln zu dicken, ovalen Scheiben flach drücken.

Bestäuben Sie ein Geschirrtuch mit Mehl und legen Sie die ovalen Scheiben darauf, sodass zwischen ihnen genügend Platz zum Ausdehnen bleibt. Mit Mehl bestäuben und ein weiteres sauberes Tuch darauf legen. Noch ein bis zwei Stunden gehen lassen.

Stellen Sie den Ofen auf 425° Fahrenheit ein. Mehrere Backbleche in den Ofen stellen und kurz erhitzen. Fetten Sie die erhitzten Backbleche leicht mit Öl ein und legen Sie die ovalen Brotscheiben darauf.

Besprühen Sie die Ovale leicht mit Wasser und kochen Sie sie sechs bis acht Minuten lang, bis sie leicht gebräunt sind.

Servieren Sie sie, solange sie heiß sind. Legen Sie die Focaccias auf einen Rost und wickeln Sie sie in ein sauberes, trockenes Tuch, damit sie für später weich bleiben.

Nährwert (pro 100 g): 210 Kalorien, 4 g Fett, 6 g Kohlenhydrate, 6 g Protein, 881 mg Natrium

Sandwiches mit Focaccia

Zubereitungszeit: 10 Minuten

Kochzeit: 20 Minuten

Portionen: 6

Schwierigkeitsgrad: leicht

Zutaten:

- Olivenöl (1 Esslöffel)
- 7-Korn-Pilaw (8,5-Unzen-Packung)
- Kernlose englische Gurke (1 Tasse)
- Entkernte Tomate (1 Tasse)
- Zerbröckelter Feta-Käse (0,25 Tassen)
- Frischer Zitronensaft (2 Esslöffel)
- Frisch gemahlener schwarzer Pfeffer (0,25 Teelöffel)
- Einfacher Hummus (7-Unzen-Behälter)
- Weiße Vollkorn-Focaccia-Wraps (je 3, 2,8 Unzen)

Richtungen:

Den Pilaw nach Packungsanweisung kochen und abkühlen lassen.

Tomaten, Gurken, Käse, Öl, Pfeffer und Zitronensaft hacken und hinzufügen. Den Pilaw unterrühren.

Bereiten Sie die Brötchen mit Hummus auf einer Seite vor. Pilaw hinzufügen und unterheben.

In ein Sandwich schneiden und servieren.

Nährwert (pro 100 g): 310 Kalorien, 9 g Fett, 8 g Kohlenhydrate, 10 g Protein, 745 mg Natrium

Teller mit geröstetem Zaatar-Fladenbrot

Zubereitungszeit: 10 Minuten

Kochzeit: 10 Minuten

Portionen: 4

Schwierigkeitsgrad: mittel

Zutaten:

- Vollkorn-Pita-Scheiben (4)
- Olivenöl (4 Esslöffel)
- Zaatar (4 Teelöffel)
- Griechischer Joghurt (1 Tasse)
- Schwarzer Pfeffer und kosheres Salz (nach Ihrem Geschmack)
- Hummus (1 Tasse)
- Marinierte Artischockenherzen (1 Tasse)
- Verschiedene Oliven (2 Tassen)
- In Scheiben geschnittene geröstete rote Paprika (1 Tasse)
- Kirschtomaten (2 Tassen)
- Salami (4 Unzen)

Richtungen:

Erhitzen Sie eine große Pfanne bei mittlerer bis hoher Hitze.

Fetten Sie das Pita auf jeder Seite leicht mit Öl ein und fügen Sie zum Würzen das Zaatar hinzu.

Bereiten Sie es portionsweise zu, indem Sie Pita in eine Pfanne geben und goldbraun rösten. Dies sollte auf jeder Seite etwa zwei Minuten dauern. Schneiden Sie jedes Fladenbrot in Viertel.

Den Joghurt mit Pfeffer und Salz würzen.

Zum Zusammenstellen die Kartoffeln teilen und Hummus, Joghurt, Artischockenherzen, Oliven, rote Paprika, Tomaten und Salami hinzufügen.

Nährwert (pro 100 g): 731 Kalorien, 48 g Fett, 10 g Kohlenhydrate, 26 g Protein, 632 mg Natrium

Mini-Hühnchen-Shawarma

Zubereitungszeit: 10 Minuten

Kochzeit: 1 Stunde und 15 Minuten

Portionen: 8

Schwierigkeitsgrad: leicht

Zutaten:

- Huhn:
  - Hühnchenfilets (1 Pfund)
  - Olivenöl (0,25 Tassen)
  - Zitronenschale und -saft (1)
  - Kreuzkümmel (1 Teelöffel)
  - Knoblauchpulver (2 Teelöffel)
  - Geräucherter Paprika (0,5 Teelöffel)
  - Koriander (0,75 Teelöffel)
  - Frisch gemahlener schwarzer Pfeffer (1 Teelöffel)
- Die Soße:
  - Griechischer Joghurt (1,25 Tassen)
  - Zitronensaft (1 Esslöffel)
  - Geriebene Knoblauchzehe (1)
  - Frisch gehackter Dill (2 Esslöffel)
  - Schwarzer Pfeffer (0,125 Teelöffel / nach Geschmack)
  - Koscheres Salz (nach Geschmack)
  - Gehackte frische Petersilie (0,25 Tassen)
  - Rote Zwiebel (die Hälfte von 1)

- Römersalat (4 Blätter)
- Englische Gurke (Hälfte von 1)
- Tomaten (2)
- Mini-Pita (16)

Richtungen:

Legen Sie das Hähnchen in einen Beutel mit Reißverschluss. Die Hähnchenreste vermischen und in den Beutel geben, um sie bis zu einer Stunde lang zu marinieren.

Bereiten Sie die Sauce zu, indem Sie Saft, Knoblauch und Joghurt in einer Rührschüssel vermischen. Dill, Petersilie, Pfeffer und Salz unterrühren. In den Kühlschrank stellen.

Erhitzen Sie eine Pfanne auf mittlerer Hitzestufe. Hähnchen aus der Marinade nehmen (Überschuss abtropfen lassen).

Kochen, bis alles gar ist, etwa vier Minuten pro Seite. In kleine Streifen schneiden.

Gurke und Zwiebel in dünne Scheiben schneiden. Den Salat zerkleinern und die Tomaten hacken. Zusammensetzen und zu den Focaccias hinzufügen: Hühnchen, Salat, Zwiebeln, Tomaten und Gurken.

Nährwert (pro 100 g): 216 Kalorien, 16 g Fett, 9 g Kohlenhydrate, 9 g Protein, 745 mg Natrium

Auberginenpizza

Zubereitungszeit: 10 Minuten

Kochzeit: 30 Minuten

Portionen: 6

Schwierigkeitsgrad: mittel

Zutaten:

- Aubergine (1 große oder 2 mittelgroße)
- Olivenöl (0,33 Tasse)
- Schwarzer Pfeffer und Salz (nach Geschmack)
- Marinara-Sauce – im Laden gekauft/hausgemacht (1,25 Tassen)
- Geriebener Mozzarella (1,5 Tassen)
- Kirschtomaten (2 Tassen – halbiert)
- Zerrissene Basilikumblätter (0,5 Tassen)

Richtungen:

Erhitzen Sie den Ofen, bis er 400° Fahrenheit erreicht. Bereiten Sie das Backblech mit einer Lage Backpapier vor.

Schneiden Sie die Enden/Enden der Aubergine ab und schneiden Sie sie in zentimetergroße Scheiben. Die Scheiben auf den vorbereiteten Teig legen und beide Seiten mit Olivenöl bestreichen. Nach Belieben mit Pfeffer und Salz bestreuen.

Die Auberginen rösten, bis sie weich sind (10 bis 12 Min.).

Nehmen Sie die Pfanne aus dem Ofen und geben Sie auf jeden Abschnitt zwei Esslöffel der Soße. Mit Mozzarella und drei bis fünf Tomatenstücken belegen.

Kochen, bis der Käse geschmolzen ist. Die Tomaten sollten nach etwa fünf bis sieben Minuten Blasen bilden.

Nehmen Sie die Pfanne aus dem Ofen. Basilikum anrichten und garnieren.

Nährwert (pro 100 g): 257 Kalorien, 20 g Fett, 11 g Kohlenhydrate, 8 g Protein, 789 mg Natrium

Mediterrane Vollkornpizza

Zubereitungszeit: 10 Minuten

Kochzeit: 25 Minuten

Portionen: 4

Schwierigkeitsgrad: leicht

Zutaten:

- Vollkorn-Pizzaboden (1)
- Basilikumpesto (4-Unzen-Glas)
- Artischockenherzen (0,5 Tassen)
- Kalamata-Oliven (2 Esslöffel)
- Pepperoncini (2 Esslöffel, abgetropft)
- Feta (0,25 Tassen)

Richtungen:

Programmieren Sie den Ofen auf 450° Fahrenheit.

Artischocken abtropfen lassen und in Stücke schneiden. Chilischoten und Oliven in Scheiben schneiden/hacken.

Legen Sie den Pizzaboden auf eine bemehlte Arbeitsfläche und bedecken Sie ihn mit dem Pesto. Artischocken, Chilischoten und Oliven auf der Pizza anrichten. Zum Schluss zerbröseln und den Feta dazugeben.

10-12 Minuten backen. Aufschlag.

Nährwert (pro 100 g): 277 Kalorien, 18,6 g Fett, 8 g Kohlenhydrate, 9,7 g Protein, 841 mg Natrium

Gebackener Spinat und Feta-Pita

Zubereitungszeit: 5 Minuten

Kochzeit: 22 Minuten

Portionen: 6

Schwierigkeitsgrad: schwierig

Zutaten:

- Pesto aus sonnengetrockneten Tomaten (6-Unzen-Behälter)
- Rom – Kirschtomaten (2 gehackt)
- Vollkorn-Fladenbrot (sechs 6 Zoll)
- Spinat (1 Bund)
- Pilze (4 Scheiben)
- Geriebener Parmesan (2 Esslöffel)
- Zerbröckelter Feta-Käse (0,5 Tasse)
- Olivenöl (3 Esslöffel)
- Schwarzer Pfeffer (nach Geschmack)

Richtungen:

Stellen Sie den Ofen auf 350° Fahrenheit ein.

Eine Seite jedes Fladenbrotes mit Pesto bestreichen und auf einem Backblech anrichten (Pesto-Seite nach oben).

Den Spinat waschen und hacken. Die Focaccias mit Spinat, Pilzen, Tomaten, Feta, Pfeffer, Parmesan, Pfeffer und einem Schuss Öl garnieren.

Im heißen Ofen backen, bis das Fladenbrot knusprig ist (12 Min.). Die Focaccias vierteln.

Nährwert (pro 100 g): 350 Kalorien, 17,1 g Fett, 9 g Kohlenhydrate, 11,6 g Protein, 712 mg Natrium

Wassermelonen-Feta und Balsamico-Pizza

Zubereitungszeit: 10 Minuten
Kochzeit: 15 Minuten
Portionen: 4
Schwierigkeitsgrad: leicht

Zutaten:

- Wassermelone (1 Zoll dick von der Mitte)
- Zerbröckelter Feta-Käse (1 Unze)
- Geschnittene Kalamata-Oliven (5-6)
- Minzblätter (1 Teelöffel)
- Balsamico-Glasur (0,5 Esslöffel)

Richtungen:

Den breitesten Teil der Wassermelone halbieren. Dann jede Hälfte in vier Spalten schneiden.

Auf einer runden Kuchenform wie eine runde Pizza servieren und mit Oliven, Käse, Minzblättern und Zuckerguss bedecken.

Nährwert (pro 100 g): 90 Kalorien, 3 g Fett, 4 g Kohlenhydrate, 2 g Protein, 761 mg Natrium

Gemischter Gewürzburger

Zubereitungszeit: 10 Minuten

Kochzeit: 30 Minuten

Portionen: 6

Schwierigkeitsgrad: mittel

Zutaten:

- Mittlere Zwiebel (1)
- Frische Petersilie (3 Esslöffel)
- Knoblauchzehe (1)
- Gemahlener Piment (0,75 Teelöffel)
- Pfeffer (0,75 Teelöffel)
- Gemahlene Muskatnuss (0,25 Teelöffel)
- Zimt (0,5 Teelöffel)
- Salz (0,5 Teelöffel)
- Frische Minze (2 Esslöffel)
- 90 % mageres Rinderhackfleisch (1,5 Pfund)
- Optional: Kalte Tzatziki-Sauce

Richtungen:

Petersilie, Minze, Knoblauch und Zwiebeln hacken/fein hacken.

Muskatnuss, Salz, Zimt, Pfeffer, Piment, Knoblauch, Minze, Petersilie und Zwiebel unterrühren.

Fügen Sie das Rindfleisch hinzu und formen Sie sechs (6) 5 x 10 cm große, längliche Pastetchen.

Grillen Sie die Pastetchen bei mittlerer Hitze oder braten Sie sie 10 cm von der Hitze entfernt für 6 Minuten pro Seite.

Wenn sie fertig sind, zeigt das Fleischthermometer 160° Fahrenheit an. Nach Belieben mit Soße servieren.

Nährwert (pro 100 g): 231 Kalorien, 9 g Fett, 10 g Kohlenhydrate, 32 g Protein, 811 mg Natrium

Sandwiches mit Schinken, Salat, Tomaten und Avocado

Zubereitungszeit: 10 Minuten

Kochzeit: 10 Minuten

Portionen: 4

Schwierigkeitsgrad: leicht

Zutaten:

- Schinken (2 Unzen/8 dünne Scheiben)
- Reife Avocado (1 halbiert)
- Römersalat (4 ganze Blätter)
- Große reife Tomate (1)
- Scheiben Vollkorn oder Vollkornbrot (8)
- Schwarzer Pfeffer und koscheres Salz (0,25 Teelöffel)

Richtungen:

Die Salatblätter in insgesamt acht Stücke schneiden. Die Tomate in acht Scheiben schneiden. Toasten Sie das Brot und legen Sie es auf einen Teller.

Kratzen Sie das Avocadomark von der Schale und geben Sie es in eine Schüssel. Leicht mit Pfeffer und Salz bestreuen. Die Avocado vorsichtig schlagen oder zerdrücken, bis sie cremig ist. Auf dem Brot verteilen.

Mach ein Sandwich. Schnappen Sie sich eine Scheibe Avocado-Toast; Mit einem Salatblatt, einer Schinkenscheibe und einer Tomatenscheibe garnieren. Mit einer weiteren Scheibe Tomatensalat abschließen und weitermachen.

Wiederholen Sie den Vorgang, bis alle Zutaten aufgebraucht sind.

Nährwert (pro 100 g): 240 Kalorien, 9 g Fett, 8 g Kohlenhydrate, 12 g Protein, 811 mg Natrium

Spinatkuchen

Zubereitungszeit: 10 Minuten

Kochzeit: 60 Minuten

Portionen: 6

Schwierigkeitsgrad: mittel

Zutaten:

- Geschmolzene Butter (0,5 Tasse)
- Gefrorener Spinat (10 Unzen Pkg.)
- Frische Petersilie (0,5 Tasse)
- Frühlingszwiebeln (0,5 Tasse)
- Frischer Dill (0,5 Tasse)
- Zerbröckelter Feta-Käse (0,5 Tasse)
- Frischkäse (4 Unzen)
- Hüttenkäse (4 Unzen)
- Parmesan (2 Esslöffel – gerieben)
- Große Eier (2)
- Pfeffer und Salz (nach Geschmack)
- Filoteig (40 Blätter)

Richtungen:

Den Ofen auf 350° Fahrenheit vorheizen.

Zwiebeln, Dill und Petersilie hacken/hacken. Den Spinat und die Nudelblätter auftauen. Tupfen Sie den Spinat trocken, indem Sie ihn ausdrücken.

Spinat, Schalotten, Eier, Käse, Petersilie, Dill, Pfeffer und Salz in einem Mixer cremig rühren.

Bereiten Sie kleine Phyllo-Dreiecke vor, indem Sie sie mit einem Teelöffel der Spinatmischung füllen.

Bestreichen Sie die Außenseiten der Dreiecke leicht mit Butter und legen Sie sie mit der Naht nach unten auf ein ungefettetes Backblech.

Legen Sie sie in den heißen Ofen und backen Sie sie, bis sie goldbraun und luftig sind (20–25 Min.). Heiß servieren.

Nährwert (pro 100 g): 555 Kalorien, 21,3 g Fett, 15 g Kohlenhydrate, 18,1 g Protein, 681 mg Natrium

Feta-Hähnchen-Burger

Zubereitungszeit: 10 Minuten

Kochzeit: 30 Minuten

Portionen: 6

Schwierigkeitsgrad: mittel

Zutaten:

- ¼ Tasse fettarme Mayonnaise
- ¼ Tasse fein gehackte Gurke
- ¼ Teelöffel schwarzer Pfeffer
- 1 Teelöffel Knoblauchpulver
- ½ Tasse gehackte geröstete süße rote Paprika
- ½ Teelöffel griechisches Gewürz
- 1,5 Pfund mageres Hühnerhackfleisch
- 1 Tasse zerbröckelter Feta-Käse
- 6 Vollkorn-Hamburgerbrötchen

Richtungen:

Den Grill im Backofen vorheizen. Mayonnaise und Gurke vermischen. Beiseite legen.

Für die Burger beliebige Gewürze und Chili vermischen. Hähnchen und Käse gut vermischen. Aus der Mischung 6 1/2 Zoll dicke Pastetchen formen.

Kochen Sie die Burger auf einem Grill und platzieren Sie sie etwa zehn Zentimeter von der Hitzequelle entfernt. Kochen, bis das Thermometer 165° Fahrenheit erreicht.

Mit Focaccia und Gurkensauce servieren. Nach Belieben mit Tomaten und Salat garnieren und servieren.

Nährwert (pro 100 g): 356 Kalorien, 14 g Fett, 10 g Kohlenhydrate, 31 g Protein, 691 mg Natrium

Gebratenes Schweinefleisch für Tacos

Zubereitungszeit: 10 Minuten

Kochzeit: 1 Stunde und 15 Minuten

Portionen: 6

Schwierigkeitsgrad: mittel

Zutaten:

- Gebratene Schweineschulter (4 Pfund)
- Gewürfelte grüne Chilischoten (2–4-Unzen-Dosen)
- Chilipulver (0,25 Tasse)
- Getrockneter Oregano (1 Teelöffel)
- Taco-Gewürz (1 Teelöffel)
- Knoblauch (2 Teelöffel)
- Salz (1,5 Teelöffel oder nach Wunsch)

Richtungen:

Stellen Sie den Ofen auf 300° Fahrenheit ein.

Legen Sie den Braten auf ein großes Blatt Folie.

Die Chilis abtropfen lassen. Den Knoblauch hacken.

Mischen Sie die grünen Chilis, Taco-Gewürze, Chilipulver, Oregano und Knoblauch. Reiben Sie die Mischung über den Braten und bedecken Sie ihn mit einer Schicht Folie.

Legen Sie das eingewickelte Schweinefleisch über einen Rost auf ein Backblech, um eventuell verschüttete Flüssigkeiten aufzufangen.

Backen Sie es 3,5 bis 4 Stunden lang im heißen Ofen, bis es auseinanderfällt. Kochen, bis die Mitte bei Messung mit einem Fleischthermometer (Innentemperatur) mindestens 145° Fahrenheit erreicht.

Übertragen Sie den Braten auf ein Schneidebrett und zerkleinern Sie ihn mit zwei Gabeln in kleine Stücke. Würzen Sie es nach Geschmack.

Nährwert (pro 100 g): 290 Kalorien, 17,6 g Fett, 12 g Kohlenhydrate, 25,3 g Protein, 471 mg Natrium

Italienischer Apfelkuchen mit Olivenöl

Zubereitungszeit: 10 Minuten

Kochzeit: 1 Stunde und 10 Minuten

Portionen: 12

Schwierigkeitsgrad: mittel

Zutaten:

- Gala-Äpfel (2 große)
- Orangensaft – zum Einweichen von Äpfeln
- Allzweckmehl (3 Tassen)
- Gemahlener Zimt (0,5 Teelöffel)
- Muskatnuss (0,5 Teelöffel)
- Backpulver (1 Teelöffel)
- Backpulver (1 Teelöffel)
- Zucker (1 Tasse)
- Olivenöl (1 Tasse)
- Große Eier (2)
- Goldene Rosinen (0,66 Tasse)
- Puderzucker – zum Bestäuben
- Außerdem benötigt: 9-Zoll-Backform

Richtungen:

Äpfel schälen und fein hacken. Beträufeln Sie die Äpfel mit gerade so viel Orangensaft, dass sie nicht braun werden.

Die Rosinen 15 Minuten in warmem Wasser einweichen und gut abtropfen lassen.

Backpulver, Mehl, Backpulver, Zimt und Muskatnuss vermischen. Legen Sie das vorerst beiseite.

Olivenöl und Zucker in die Schüssel einer Küchenmaschine geben. Bei niedriger Temperatur 2 Minuten lang mixen oder bis alles gut vermischt ist.

Unter ständigem Rühren mixen, die Eier einzeln aufschlagen und 2 Minuten weiter mixen. Das Volumen der Mischung sollte zunehmen; Es sollte dick und nicht flüssig sein.

Alle Zutaten gut vermischen. Machen Sie eine Mulde in die Mitte der Mehlmischung und geben Sie die Oliven-Zucker-Mischung hinein.

Überschüssigen Saft von den Äpfeln entfernen und die eingeweichten Rosinen abtropfen lassen. Fügen Sie sie zusammen mit dem Teig hinzu und vermischen Sie alles gut.

Bereiten Sie das Backblech mit Backpapier vor. Geben Sie den Teig auf die Pfanne und glätten Sie ihn mit der Rückseite eines Holzlöffels.

45 Minuten bei 350° Fahrenheit backen.

Wenn der Kuchen fertig ist, nehmen Sie ihn vom Backpapier und legen Sie ihn auf einen Servierteller. Mit Puderzucker bestäuben. Dunklen Honig erhitzen, um die Oberfläche zu garnieren.

Nährwert (pro 100 g): 294 Kalorien, 11 g Fett, 9 g Kohlenhydrate, 5,3 g Protein, 691 mg Natrium

Schneller Tilapia mit roten Zwiebeln und Avocado

Zubereitungszeit: 10 Minuten

Kochzeit: Fünf Minuten

Portionen: 4

Schwierigkeitsgrad: mittel

Zutaten:

- 1 Esslöffel natives Olivenöl extra
- 1 Esslöffel frisch gepresster Orangensaft
- ¼ Teelöffel koscheres Salz oder Meersalz
- 4 (4 Unzen) Tilapiafilets, eher länglich als quadratisch, mit Haut oder Haut
- ¼ Tasse gehackte rote Zwiebel
- 1 Avocado

Richtungen:

In einer 9-Zoll-Kuchenform aus Glas Öl, Orangensaft und Salz vermischen. Die Filets gleichzeitig bearbeiten, einzeln in die Pfanne legen und von allen Seiten bedecken. Die Filets in eine Wagenradform formen. Belegen Sie jedes Filet mit 1 Esslöffel Zwiebel und falten Sie dann das Ende des Filets, das zur Hälfte über den Rand hinausragt, über die Zwiebel. Sobald Sie fertig sind, sollten Sie 4 gefaltete Filets haben, wobei die Falte an der Außenkante der Form anliegt und die Enden alle in der Mitte liegen.

Wickeln Sie die Auflaufform in Plastik ein und lassen Sie am Rand einen kleinen Teil offen, damit der Dampf entweichen kann. Bei starker Hitze etwa 3 Minuten in der Mikrowelle garen. Wenn es fertig ist, sollte es sich durch leichtes Drücken mit einer Gabel in Flocken (Stücke) trennen. Die Filets mit Avocado garnieren und servieren.

Nährwert (pro 100 g): 200 Kalorien, 3 g Fett, 4 g Kohlenhydrate, 22 g Protein, 811 mg Natrium

Gegrillter Fisch mit Zitrone

Zubereitungszeit: 10 Minuten

Kochzeit: 10 Minuten

Portionen: 4

Schwierigkeitsgrad: schwierig

Zutaten:

- 4 (4 Unzen) Fischfilets
- Antihaft-Kochspray
- 3 bis 4 mittelgroße Zitronen
- 1 Esslöffel natives Olivenöl extra
- ¼ Teelöffel frisch gemahlener schwarzer Pfeffer
- ¼ Teelöffel kosheres Salz oder Meersalz

Richtungen:

Trocknen Sie die Filets mit Papiertüchern ab und lassen Sie sie 10 Minuten bei Raumtemperatur ruhen. Beschichten Sie in der Zwischenzeit den kalten Grillrost des Grills mit Antihaft-Kochspray und heizen Sie den Grill auf 400 °F oder mittlere bis hohe Hitze vor.

Eine Zitrone halbieren und die Hälfte beiseite legen. Schneiden Sie die restliche Hälfte dieser Zitrone und die restlichen Zitronen in ¼ Zoll dicke Scheiben. (Sie sollten etwa 12 bis 16 Zitronenscheiben haben.) In einer kleinen Schüssel 1 Esslöffel Saft aus der reservierten Zitronenhälfte auspressen.

Das Öl mit dem Zitronensaft in die Schüssel geben und gut vermischen. Beide Seiten des Fisches mit der Ölmischung bestreichen und gleichmäßig mit Pfeffer und Salz bestreuen.

Legen Sie die Zitronenscheiben vorsichtig auf den Grill (oder die Grillpfanne), ordnen Sie 3 bis 4 Scheiben in Form eines Fischfilets an und wiederholen Sie den Vorgang mit den restlichen Scheiben. Die Fischfilets direkt auf die Zitronenscheiben legen und bei geschlossenem Deckel grillen. (Wenn Sie auf dem Herd grillen, decken Sie es mit einem großen Deckel oder Aluminiumfolie ab.) Wenden Sie den Fisch nur dann nach der Hälfte der Garzeit, wenn die Filets mehr als ½ Zoll dick sind. Es ist gar, wenn es durch leichtes Drücken mit einer Gabel zu zerbröseln beginnt.

Nährwert (pro 100 g): 147 Kalorien, 5 g Fett, 1 g Kohlenhydrate, 22 g Protein, 917 mg Natrium

Unter der Woche Abendessen mit gebratenem Fisch

Zubereitungszeit: 10 Minuten
Kochzeit: 10 Minuten
Portionen: 4
Schwierigkeitsgrad: mittel

Zutaten:

- Antihaft-Kochspray
- 2 Esslöffel natives Olivenöl extra
- 1 Esslöffel Balsamico-Essig
- 4 (4 Unzen) Fischfilets (½ Zoll dick)
- 2½ Tassen grüne Bohnen
- 1 Pint Kirschtomaten oder Kirschtomaten

Richtungen:

Heizen Sie den Ofen auf 400 °F vor. Bestreichen Sie zwei große Backbleche mit Rand mit Antihaft-Kochspray. In einer kleinen Schüssel Öl und Essig vermischen. Beiseite legen. Auf jedes Backblech zwei Fischstücke legen.

In einer großen Schüssel Bohnen und Tomaten vermischen. Öl und Essig dazugeben und vorsichtig umrühren. Gießen Sie die Hälfte der grünen Bohnenmischung über den Fisch auf einem Backblech und die andere Hälfte über den Fisch auf dem anderen. Drehen Sie den Fisch um und reiben Sie ihn mit der Ölmischung ein, um ihn zu bedecken. Legen Sie das Gemüse gleichmäßig auf die Backbleche, damit die heiße Luft um es zirkulieren kann.

Kochen, bis der Fisch gerade noch undurchsichtig ist. Es ist gar, wenn es beim vorsichtigen Einstechen mit einer Gabel in Stücke zu zerfallen beginnt.

Nährwert (pro 100 g): 193 Kalorien, 8 g Fett, 3 g Kohlenhydrate, 23 g Protein, 811 mg Natrium

Knusprige Fischstäbchen mit Polenta

Zubereitungszeit: 10 Minuten

Kochzeit: 15 Minuten

Portionen: 4

Schwierigkeitsgrad: schwierig

Zutaten:

- 2 große Eier, leicht geschlagen
- 1 Esslöffel 2 % Milch
- 1 Pfund geschälte Fischfilets, in 20 Streifen (2,5 cm breit) geschnitten
- ½ Tasse gelbes Maismehl
- ½ Tasse Vollkorn-Panko-Semmelbrösel
- ¼ Teelöffel geräuchertes Paprikapulver
- ¼ Teelöffel koscheres Salz oder Meersalz
- ¼ Teelöffel frisch gemahlener schwarzer Pfeffer
- Antihaft-Kochspray

Richtungen:

Legen Sie ein großes Backblech mit Rand in den Ofen. Den Ofen mit eingelegtem Backblech auf 200 °C (400 °F) vorheizen. In einer großen Schüssel Eier und Milch vermischen. Die Fischstreifen mit einer Gabel zur Eimischung geben und vorsichtig umrühren.

Geben Sie Maismehl, Semmelbrösel, geräuchertes Paprikapulver, Salz und Pfeffer in einen viertelgroßen Plastikbeutel mit

Reißverschluss. Geben Sie den Fisch mit einer Gabel oder einer Zange in den Beutel und lassen Sie überschüssiges Ei vor dem Umfüllen in die Schüssel tropfen. Gut verschließen und leicht schütteln, um jedes Fischstäbchen vollständig zu bedecken.

Nehmen Sie das heiße Backblech mit Topflappen vorsichtig aus dem Ofen und sprühen Sie es mit Antihaft-Kochspray ein. Nehmen Sie die Fischstäbchen mit einer Gabel oder einer Zange aus der Tüte und legen Sie sie auf das heiße Backblech. Lassen Sie dabei Platz zwischen ihnen, damit die heiße Luft zirkulieren und sie knusprig machen kann. 5-8 Minuten kochen lassen, bis der Fisch durch leichten Druck mit einer Gabel zerfällt und servieren.

Nährwert (pro 100 g): 256 Kalorien, 6 g Fett, 2 g Kohlenhydrate, 29 g Protein, 667 mg Natrium

Gebratener Lachs

Zubereitungszeit: 15 Minuten
Kochzeit: 15 Minuten
Portionen: 4
Schwierigkeitsgrad: mittel

Zutaten:

- 1 Esslöffel natives Olivenöl extra
- 2 Knoblauchzehen gehackt
- 1 Teelöffel geräuchertes Paprikapulver
- 1 Liter Weintrauben oder Kirschtomaten, in Viertel geschnitten
- 1 (12 Unzen) Glas geröstete rote Paprika
- 1 Esslöffel Wasser
- ¼ Teelöffel frisch gemahlener schwarzer Pfeffer
- ¼ Teelöffel koscheres Salz oder Meersalz
- 1 Pfund Lachsfilets, ohne Haut, in 8 Stücke geschnitten
- 1 Esslöffel frisch gepresster Zitronensaft (von ½ mittelgroßen Zitrone)

Richtungen:

Bei mittlerer Hitze Öl in einer Pfanne erhitzen. Den Knoblauch und das geräucherte Paprikapulver einrühren und unter häufigem Rühren 1 Minute kochen lassen. Tomaten, geröstete Paprika, Wasser, schwarzen Pfeffer und Salz unterrühren. Die Hitze auf mittlere bis hohe Stufe einstellen, 3 Minuten köcheln lassen und die Tomaten bis zum Ende der Garzeit pürieren.

Legen Sie den Lachs in die Pfanne und träufeln Sie etwas Soße darüber. Abdecken und 10 bis 12 Minuten kochen lassen (145 °F mit einem Fleischthermometer) und beginnen, auseinanderzufallen.

Nehmen Sie die Pfanne vom Herd und streuen Sie den Zitronensaft über den Fisch. Die Soße vermischen und den Lachs in Stücke schneiden. Aufschlag.

Nährwert (pro 100 g): 289 Kalorien, 13 g Fett, 2 g Kohlenhydrate, 31 g Protein, 581 mg Natrium

Thunfisch- und Zucchini-Burger aus der Toskana

Zubereitungszeit: 10 Minuten
Kochzeit: 30 Minuten
Portionen: 4
Schwierigkeitsgrad: mittel

Zutaten:

- 3 Scheiben Vollkorn-Sandwichbrot, geröstet
- 2 (5 Unzen) Dosen Thunfisch in Olivenöl
- 1 Tasse gehackte Zucchini
- 1 großes Ei, leicht geschlagen
- ¼ Tasse gewürfelte rote Paprika
- 1 Esslöffel getrockneter Oregano
- 1 Teelöffel Zitronenschale
- ¼ Teelöffel frisch gemahlener schwarzer Pfeffer
- ¼ Teelöffel koscheres Salz oder Meersalz
- 1 Esslöffel natives Olivenöl extra
- Salat oder 4 Vollkornbrötchen zum Servieren (optional)

Richtungen:

Zerkrümeln Sie das Toastbrot mit den Fingern in den Semmelbröseln (oder schneiden Sie es mit einem Messer in ¼-Zoll-Würfel), bis Sie 1 Tasse lose Krümel haben. Die Krümel in eine große Schüssel geben. Thunfisch, Zucchini, Ei, Paprika, Oregano,

Zitronenschale, schwarzen Pfeffer und Salz hinzufügen. Mit einer Gabel gut vermischen. Teilen Sie die Mischung in vier (½ Tasse große) Fleischbällchen auf. Auf einen Teller legen und jedes Patty andrücken, bis es etwa dick ist. Von Zoll.

Bei mittlerer bis hoher Hitze Öl in einer Pfanne erhitzen. Geben Sie die Fleischbällchen in das heiße Öl und reduzieren Sie dann die Hitze auf mittlere Stufe. Die Fleischbällchen 5 Minuten kochen, mit einem Pfannenwender umdrehen und weitere 5 Minuten garen. Genießen Sie es pur oder servieren Sie es auf Salat oder Vollkornbrötchen.

Nährwert (pro 100 g): 191 Kalorien, 10 g Fett, 2 g Kohlenhydrate, 15 g Protein, 661 mg Natrium

Sizilianische Schüssel mit Schwarzkohl und Thunfisch

Zubereitungszeit: 15 Minuten
Kochzeit: 15 Minuten
Portionen: 6
Schwierigkeitsgrad: mittel

Zutaten:

- 1 Pfund Grünkohl
- 3 Esslöffel natives Olivenöl extra
- 1 Tasse gehackte Zwiebel
- 3 Knoblauchzehen, gehackt
- 1 (2,25 Unzen) Dose geschnittene Oliven, abgetropft
- ¼ Tasse Kapern
- ¼ Teelöffel rote Paprika
- 2 Teelöffel Zucker
- 2 (6 Unzen) Dosen Thunfisch in Olivenöl
- 1 (15 Unzen) Dose Cannellini-Bohnen
- ¼ Teelöffel gemahlener schwarzer Pfeffer
- ¼ Teelöffel koscheres Salz oder Meersalz

Richtungen:

Dreiviertel Wasser in einem Topf zum Kochen bringen. Den Kohl einrühren und 2 Minuten kochen lassen. Den Schwarzkohl durch ein Sieb filtern und beiseite stellen.

Stellen Sie den leeren Topf bei mittlerer Hitze wieder auf den Herd und geben Sie das Öl hinzu. Die Zwiebel hinzufügen und 4 Minuten unter ständigem Rühren kochen. Den Knoblauch dazugeben und 1 Minute kochen lassen. Oliven, Kapern und gehackte Chilischote dazugeben und 1 Minute kochen lassen. Zum Schluss den teilweise gekochten Grünkohl und den Zucker hinzufügen und umrühren, bis der Grünkohl vollständig mit Öl bedeckt ist. Die Pfanne schließen und 8 Minuten kochen lassen.

Den Kohl vom Herd nehmen, Thunfisch, Bohnen, Pfeffer und Salz hinzufügen und servieren.

Nährwert (pro 100 g): 265 Kalorien, 12 g Fett, 7 g Kohlenhydrate, 16 g Protein, 715 mg Natrium

Mediterraner Kabeljau-Eintopf

Zubereitungszeit: 10 Minuten
Kochzeit: 20 Minuten
Portionen: 6
Schwierigkeitsgrad: mittel

Zutaten:

- 2 Esslöffel natives Olivenöl extra
- 2 Tassen gehackte Zwiebel
- 2 Knoblauchzehen, gehackt
- ¾ Teelöffel geräuchertes Paprikapulver
- 1 (14,5 Unzen) Dose gewürfelte Tomaten, nicht abgetropft
- 1 (12 Unzen) Glas geröstete rote Paprika
- 1 Tasse geschnittene Oliven, grün oder schwarz
- 1/3 Tasse trockener Rotwein
- ¼ Teelöffel frisch gemahlener schwarzer Pfeffer
- ¼ Teelöffel koscheres Salz oder Meersalz
- 1 ½ Pfund Kabeljaufilets, in 1-Zoll-Stücke geschnitten
- 3 Tassen geschnittene Pilze

Richtungen:

Das Öl in einer Pfanne erhitzen. Die Zwiebel dazugeben und 4 Minuten kochen lassen, dabei gelegentlich umrühren. Den Knoblauch und das geräucherte Paprikapulver einrühren und unter häufigem Rühren 1 Minute kochen lassen.

Tomaten mit Saft, gerösteten Paprika, Oliven, Wein, Pfeffer und Salz vermischen und die Hitze auf mittlere bis hohe Stufe einstellen. Aufkochen. Den Kabeljau und die Pilze dazugeben und die Hitze auf mittlere Stufe reduzieren.

Unter gelegentlichem Rühren etwa 10 Minuten kochen lassen, bis der Kabeljau gar ist und leicht zerfällt, dann servieren.

Nährwert (pro 100 g): 220 Kalorien, 8 g Fett, 3 g Kohlenhydrate, 28 g Protein, 583 mg Natrium

Gedämpfte Muscheln in Weißweinsauce

Zubereitungszeit: 5 Minuten

Kochzeit: 10 Minuten

Portionen: 4

Schwierigkeitsgrad: schwierig

Zutaten:

- 2 Pfund kleine Muscheln
- 1 Esslöffel natives Olivenöl extra
- 1 Tasse dünn geschnittene rote Zwiebel
- 3 Knoblauchzehen, in Scheiben geschnitten
- 1 Tasse trockener Weißwein
- 2 Zitronenscheiben (¼ Zoll dick)
- ¼ Teelöffel frisch gemahlener schwarzer Pfeffer
- ¼ Teelöffel koscheres Salz oder Meersalz
- Frische Zitronenspalten zum Servieren (optional)

Richtungen:

In einem großen Sieb in der Spüle kaltes Wasser über die Muscheln laufen lassen (aber die Muscheln nicht im stehenden Wasser stehen lassen). Alle Schalen sollten fest verschlossen sein; Entsorgen Sie alle Schalen, die leicht geöffnet sind oder Risse aufweisen. Lassen Sie die Muscheln im Sieb, bis Sie sie verwenden möchten.

In einer großen Pfanne das Öl erhitzen. Die Zwiebel dazugeben und 4 Minuten kochen lassen, dabei gelegentlich umrühren. Den Knoblauch hinzufügen und 1 Minute unter ständigem Rühren kochen. Wein, Zitronenscheiben, Pfeffer und Salz hinzufügen und aufkochen. 2 Minuten kochen lassen.

Die Muscheln hinzufügen und abdecken. Kochen, bis die Muscheln ihre Schalen öffnen. Schütteln Sie die Pfanne während des Kochens zwei- bis dreimal vorsichtig.

Alle Schalen sollten jetzt aufgebrochen sein. Entsorgen Sie die noch geschlossenen Muscheln mit einem Schaumlöffel. Die geöffneten Muscheln in eine flache Schüssel geben und mit der Brühe übergießen. Nach Belieben mit zusätzlichen frischen Zitronenscheiben servieren.

Nährwert (pro 100 g): 222 Kalorien, 7 g Fett, 1 g Kohlenhydrate, 18 g Protein, 708 mg Natrium

Garnelen mit Orange und Knoblauch

Zubereitungszeit: 20 Minuten

Kochzeit: 10 Minuten

Portionen: 6

Schwierigkeitsgrad: schwierig

Zutaten:

- 1 große Orange
- 3 Esslöffel natives Olivenöl extra, geteilt
- 1 Esslöffel gehackter frischer Rosmarin
- 1 Esslöffel gehackter frischer Thymian
- 3 Knoblauchzehen, gehackt (ca. 1 1/2 Teelöffel)
- ¼ Teelöffel frisch gemahlener schwarzer Pfeffer
- ¼ Teelöffel koscheres Salz oder Meersalz
- 1 ½ Pfund frische rohe Garnelen, ohne Schale und Schwanz

Richtungen:

Die gesamte Orange mit einer Zitrusreibe abreiben. Orangenschale und 2 EL Öl mit Rosmarin, Thymian, Knoblauch, Pfeffer und Salz vermischen. Rühren Sie die Garnelen ein, verschließen Sie den Beutel und massieren Sie die Garnelen sanft, bis sich alle Zutaten vermischt haben und die Garnelen vollständig mit den Gewürzen bedeckt sind. Beiseite legen.

Erhitzen Sie einen Grill, eine Grillpfanne oder eine große Pfanne bei mittlerer Hitze. Den restlichen 1 Esslöffel Öl einpinseln oder einrühren. Fügen Sie die Hälfte der Garnelen hinzu und kochen Sie sie 4 bis 6 Minuten lang oder bis die Garnelen rosa und weiß sind. Drehen Sie sie dabei halb um, wenn sie auf dem Grill stehen, oder rühren Sie jede Minute um, wenn sie in einer Pfanne sind. Geben Sie die Garnelen in eine große Servierschüssel. Wiederholen Sie den Vorgang und legen Sie sie in die Schüssel.

Während die Garnelen kochen, schälen Sie die Orange und schneiden Sie das Fruchtfleisch in kleine Stücke. In eine Servierschüssel geben und mit gekochten Garnelen belegen. Sofort servieren oder im Kühlschrank aufbewahren und kalt servieren.

Nährwert (pro 100 g): 190 Kalorien, 8 g Fett, 1 g Kohlenhydrate, 24 g Protein, 647 mg Natrium

Im Ofen geröstete Garnelen-Gnocchi

Zubereitungszeit: 10 Minuten

Kochzeit: 20 Minuten

Portionen: 4

Schwierigkeitsgrad: mittel

Zutaten:

- 1 Tasse gehackte frische Tomate
- 2 Esslöffel natives Olivenöl extra
- 2 Knoblauchzehen, gehackt
- ½ Teelöffel frisch gemahlener schwarzer Pfeffer
- ¼ Teelöffel gehackter roter Pfeffer
- 1 (12 Unzen) Glas geröstete rote Paprika
- 1 Pfund frische rohe Garnelen, ohne Schale und Schwanz
- 1 Pfund gefrorene Knödel (nicht aufgetaut)
- ½ Tasse gewürfelter Feta-Käse
- 1/3 Tasse zerrissene frische Basilikumblätter

Richtungen:

Heizen Sie den Ofen auf 425 °F vor. Mischen Sie in einer Auflaufform Tomaten, Öl, Knoblauch, schwarzen Pfeffer und zerstoßenen roten Pfeffer. 10 Minuten im Ofen backen.

Geröstete Paprika und Garnelen unterrühren. Weitere 10 Minuten kochen, bis die Garnelen rosa und weiß werden.

Während die Garnelen kochen, kochen Sie die Gnocchi auf dem Herd gemäß den Anweisungen in der Packung. In einem Sieb abtropfen lassen und warm halten. Nehmen Sie die Form aus dem Ofen. Die gekochten Gnocchi, Feta und Basilikum vermischen und servieren.

Nährwert (pro 100 g): 277 Kalorien, 7 g Fett, 1 g Kohlenhydrate, 20 g Protein, 711 mg Natrium

Würzige Garnelen-Putanesca

Zubereitungszeit: 5 Minuten
Kochzeit: 15 Minuten
Portionen: 4
Schwierigkeitsgrad: mittel

Zutaten:

- 2 Esslöffel natives Olivenöl extra
- 3 Sardellenfilets, abgetropft und gehackt
- 3 Knoblauchzehen, gehackt
- ½ Teelöffel gehackter roter Pfeffer
- 1 (14,5 Unzen) Dose gewürfelte Tomaten mit niedrigem Natriumgehalt oder ohne Salzzusatz, nicht abgetropft
- 1 (2,25 Unzen) Dose schwarze Oliven
- 2 Esslöffel Kapern
- 1 Esslöffel gehackter frischer Oregano
- 1 Pfund frische rohe Garnelen, ohne Schale und Schwanz

Richtungen:

Bei mittlerer Hitze das Öl erhitzen. Sardellen, Knoblauch und gehackte Chilis mischen. 3 Minuten kochen lassen, dabei häufig umrühren und die Sardellen mit einem Holzlöffel zerdrücken, bis sie sich im Öl aufgelöst haben.

Tomaten mit Saft, Oliven, Kapern und Oregano unterrühren. Erhöhen Sie die Hitze auf mittelhoch und bringen Sie es zum Kochen.

Wenn die Soße leicht kocht, die Garnelen unterrühren. Wählen Sie die Hitze auf mittlere Stufe und kochen Sie die Garnelen, bis sie rosa und weiß sind, und servieren Sie sie dann.

Nährwert (pro 100 g): 214 Kalorien, 10 g Fett, 2 g Kohlenhydrate, 26 g Protein, 591 mg Natrium

Italienische Thunfisch-Sandwiches

Zubereitungszeit: 10 Minuten

Kochzeit: 0 Minuten

Portionen: 4

Schwierigkeitsgrad: leicht

Zutaten:

- 3 Esslöffel frisch gepresster Zitronensaft
- 2 Esslöffel natives Olivenöl extra
- 1 Knoblauchzehe, gehackt
- ½ Teelöffel frisch gemahlener schwarzer Pfeffer
- 2 (5 Unzen) Dosen Thunfisch, abgetropft
- 1 (2,25 Unzen) Dose geschnittene Oliven
- ½ Tasse gehackter frischer Fenchel, einschließlich Wedel
- 8 Scheiben Vollkorn-Krustenbrot

Richtungen:

Zitronensaft, Öl, Knoblauch und Pfeffer vermischen. Thunfisch, Oliven und Fenchel hinzufügen. Den Thunfisch mit einer Gabel in Stücke teilen und verrühren, um alle Zutaten zu vermischen.

Den Thunfischsalat gleichmäßig auf 4 Brotscheiben verteilen. Jeweils mit den restlichen Brotscheiben bedecken. Lassen Sie die Brötchen vor dem Servieren mindestens 5 Minuten ruhen, damit die würzige Füllung vom Brot aufgenommen werden kann.

Nährwert (pro 100 g): 347 Kalorien, 17 g Fett, 5 g Kohlenhydrate, 25 g Protein, 447 mg Natrium

Dill-Lachs-Salat-Wrap

Zubereitungszeit: 10 Minuten

Kochzeit: 10 Minuten

Portionen: 6

Schwierigkeitsgrad: leicht

Zutaten:

- 1 Pfund Lachsfilet, gekocht und in Flocken geschnitten
- ½ Tasse gewürfelte Karotten
- ½ Tasse gewürfelter Sellerie
- 3 Esslöffel gehackter frischer Dill
- 3 Esslöffel gewürfelte rote Zwiebel
- 2 Esslöffel Kapern
- 1,5 Esslöffel natives Olivenöl extra
- 1 Esslöffel gereifter Balsamico-Essig
- ½ Teelöffel frisch gemahlener schwarzer Pfeffer
- ¼ Teelöffel koscheres Salz oder Meersalz
- 4 Vollkorn-Wraps oder weiche Vollkorn-Tortillas

Richtungen:

Lachs, Karotten, Sellerie, Dill, rote Zwiebeln, Kapern, Öl, Essig, Pfeffer und Salz vermischen. Den Lachssalat auf die Focaccias verteilen. Falten Sie den Boden der Piadina, rollen Sie sie dann auf und servieren Sie sie.

Nährwert (pro 100 g): 336 Kalorien, 16 g Fett, 5 g Kohlenhydrate, 32 g Protein, 884 mg Natrium

Weißer Muschelkuchen

Zubereitungszeit: 10 Minuten

Kochzeit: 20 Minuten

Portionen: 4

Schwierigkeitsgrad: schwierig

Zutaten:

- 1 Pfund frischer, gekühlter Pizzateig
- Antihaft-Kochspray
- 2 Esslöffel natives Olivenöl extra, geteilt
- 2 Knoblauchzehen, gehackt (ca. 1 Teelöffel)
- ½ Teelöffel gehackter roter Pfeffer
- 1 (10 Unzen) Dose ganze Muscheln, abgetropft
- ¼ Tasse trockener Weißwein
- Allzweckmehl zum Bestäuben
- 1 Tasse gewürfelter Mozzarella
- 1 Esslöffel geriebener Pecorino Romano oder Parmesan
- 1 Esslöffel gehackte frische glatte (italienische) Petersilie

Richtungen:

Heizen Sie den Ofen auf 500 °F vor. Bestreichen Sie ein großes Backblech mit Rand mit Antihaft-Kochspray.

In einer großen Pfanne 1 1/2 Esslöffel Öl erhitzen. Den Knoblauch und die gehackten Chilischoten dazugeben und 1 Minute kochen lassen, dabei häufig umrühren, damit der Knoblauch nicht anbrennt. Den beiseite gestellten Muschelsaft und den Wein hinzufügen. Bei starker Hitze zum Kochen bringen. Auf mittlere Hitze reduzieren, sodass die Sauce köchelt, und unter gelegentlichem Rühren 10 Minuten kochen lassen. Die Soße kocht und wird dicker.

Die Muscheln hinzufügen und 3 Minuten kochen lassen, dabei gelegentlich umrühren. Während die Soße kocht, formen Sie auf einer leicht bemehlten Oberfläche mit einem Nudelholz oder durch Dehnen mit den Händen einen 30 cm großen Kreis oder ein 25 x 30 cm großes Rechteck. Den Teig auf das vorbereitete Backblech legen. Den Teig mit dem restlichen ½ Esslöffel Öl bestreichen. Beiseite stellen, bis die Muschelsauce fertig ist.

Verteilen Sie die Muschelsauce auf dem vorbereiteten Teig, bis sie einen Zentimeter vom Rand entfernt ist. Mit Mozzarella belegen und mit Pecorino Romano bestreuen.

10 Minuten backen. Nehmen Sie die Pizza aus dem Ofen und legen Sie sie auf ein Holzbrett. Mit Petersilie belegen, mit einem Pizzaschneider oder einem scharfen Messer in acht Stücke schneiden und servieren.

Nährwert (pro 100 g): 541 Kalorien, 21 g Fett, 1 g Kohlenhydrate, 32 g Protein, 688 mg Natrium

Gebackenes Bohnenfischmehl

Zubereitungszeit: 10 Minuten

Kochzeit: 10 Minuten

Portionen: 4

Schwierigkeitsgrad: leicht

Zutaten:

- 1 Esslöffel Balsamico-Essig
- 2 ½ Tassen grüne Bohnen
- 1 Pint Kirschtomaten oder Kirschtomaten
- 4 (je 4 Unzen) Fischfilets, z. B. Kabeljau oder Tilapia
- 2 Esslöffel Olivenöl

Richtungen:

Backofen auf 400 Grad vorheizen. Zwei Backbleche mit etwas Olivenöl oder Olivenölspray einfetten. Auf jedem Blatt 2 Fischfilets anrichten. Olivenöl und Essig in eine Schüssel geben. Alles gut vermischen.

Grüne Bohnen und Tomaten unterrühren. Alles gut vermischen. Beide Mischungen gut miteinander vermischen. Die Mischung gleichmäßig über die Fischfilets verteilen. 6–8 Minuten kochen lassen, bis der Fisch undurchsichtig ist und sich leicht ablösen lässt. Heiß servieren.

Nährwert (pro 100 g): 229 Kalorien, 13 g Fett, 8 g Kohlenhydrate, 2,5 g Protein, 559 mg Natrium

Kabeljau-Eintopf mit Pilzen

Zubereitungszeit: 10 Minuten

Kochzeit: 20 Minuten

Portionen: 6

Schwierigkeitsgrad: leicht

Zutaten:

- 2 Esslöffel natives Olivenöl extra
- 2 Knoblauchzehen, gehackt
- 1 Dose Tomate
- 2 Tassen gehackte Zwiebel
- ¾ Teelöffel geräuchertes Paprikapulver
- ein 12-Unzen-Glas geröstete rote Paprika
- 1/3 Tasse trockener Rotwein
- ¼ Teelöffel koscheres Salz oder Meersalz
- ¼ Teelöffel schwarzer Pfeffer
- 1 Tasse schwarze Oliven
- 1 ½ Pfund Kabeljaufilets, in 1-Zoll-Stücke geschnitten
- 3 Tassen geschnittene Pilze

Richtungen:

Nehmen Sie einen mittelgroßen Topf und erhitzen Sie das Öl bei mittlerer Hitze. Die Zwiebeln dazugeben und 4 Minuten in der Pfanne anbraten. Knoblauch und geräuchertes Paprikapulver hinzufügen; 1 Minute kochen lassen, dabei häufig umrühren. Tomaten mit Saft, geröstete Paprika, Oliven, Wein, Pfeffer und Salz

hinzufügen; Vorsichtig mischen. Kochen Sie die Mischung.
Kabeljau und Pilze hinzufügen; Reduzieren Sie die Hitze auf mittel.
Verschließen und garen, bis sich der Kabeljau leicht zerteilen lässt, zwischendurch umrühren. Heiß servieren.

Nährwert (pro 100 g): 238 Kalorien, 7 g Fett, 15 g Kohlenhydrate, 3,5 g Protein, 772 mg Natrium

Würziger Schwertfisch

Zubereitungszeit: 10 Minuten

Kochzeit: 15 Minuten

Portionen: 4

Schwierigkeitsgrad: mittel

Zutaten:

- 4 Schwertfischsteaks (je 7 Unzen)
- 1/2 Teelöffel gemahlener schwarzer Pfeffer
- 12 geschälte Knoblauchzehen
- 3/4 Teelöffel Salz
- 1 1/2 Teelöffel gemahlener Kreuzkümmel
- 1 Teelöffel Paprika
- 1 Teelöffel Koriander
- 3 Esslöffel Zitronensaft
- 1/3 Tasse Olivenöl

Richtungen:

Nehmen Sie einen Mixer oder eine Küchenmaschine, öffnen Sie den Deckel und fügen Sie alle Zutaten außer dem Schwertfisch hinzu. Schließen Sie den Deckel und mixen Sie, bis eine glatte Mischung entsteht. Fischsteaks trocken tupfen; Gleichmäßig mit der vorbereiteten Gewürzmischung bestreichen.

Legen Sie sie auf Aluminiumfolie, decken Sie sie ab und stellen Sie sie 1 Stunde lang in den Kühlschrank. Eine Grillpfanne bei starker

Hitze vorheizen, Öl einfüllen und erhitzen. Fischsteaks hinzufügen; In der Pfanne 5-6 Minuten pro Seite braten, bis alles gar und gleichmäßig gebräunt ist. Heiß servieren.

Nährwert (pro 100 g): 255 Kalorien, 12 g Fett, 4 g Kohlenhydrate, 0,5 g Protein, 990 mg Natrium

Pasta Mania mit Sardellen

Zubereitungszeit: 10 Minuten

Kochzeit: 20 Minuten

Portionen: 4

Schwierigkeitsgrad: leicht

Zutaten:

- 4 Sardellenfilets, eingelegt in Olivenöl
- ½ Pfund Brokkoli, in 2,5 cm große Röschen geschnitten
- 2 Knoblauchzehen, in Scheiben geschnitten
- 1 Pfund Vollkorn-Penne
- 2 Esslöffel Olivenöl
- ¼ Tasse geriebener Parmesankäse
- Salz und schwarzer Pfeffer nach Geschmack
- Rote Pfefferflocken nach Geschmack

Richtungen:

Kochen Sie die Nudeln wie auf der Packung angegeben. Lassen Sie sie abtropfen und legen Sie sie beiseite. Nehmen Sie einen mittelgroßen Topf oder eine Pfanne und geben Sie Öl hinzu. Bei mittlerer Hitze erhitzen. Sardellen, Brokkoli und Knoblauch dazugeben und 4–5 Minuten kochen, bis das Gemüse weich ist. Hitze entfernen; die Nudeln vermischen. Heiß servieren, mit Parmesan, roten Pfefferflocken, Salz und schwarzem Pfeffer darüberstreuen.

Nährwert (pro 100 g): 328 Kalorien, 8 g Fett, 35 g Kohlenhydrate, 7 g Protein, 834 mg Natrium

Knoblauch-Garnelen-Pasta

Zubereitungszeit: 10 Minuten

Kochzeit: 15 Minuten

Portionen: 4

Schwierigkeitsgrad: leicht

Zutaten:

- 1 Pfund Garnelen, geschält und gereinigt
- 3 Knoblauchzehen, gehackt
- 1 Zwiebel, fein gehackt
- 1 Packung Vollkornnudeln oder Bohnen nach Wahl
- 4 Esslöffel Olivenöl
- Salz und schwarzer Pfeffer nach Geschmack
- ¼ Tasse Basilikum, in Streifen geschnitten
- ¾ Tasse Hühnerbrühe, natriumarm

Richtungen:

Kochen Sie die Nudeln wie auf der Packung angegeben. abspülen und beiseite stellen. Nehmen Sie einen mittelgroßen Topf, geben Sie Öl hinzu und erhitzen Sie es bei mittlerer Hitze. Fügen Sie Zwiebel und Knoblauch hinzu und braten Sie alles 3 Minuten lang in der Pfanne, bis es glasig und duftend ist.

Garnelen, schwarzen Pfeffer (gemahlen) und Salz hinzufügen; 3 Minuten in der Pfanne kochen, bis die Garnelen undurchsichtig sind. Die Brühe hinzufügen und weitere 2-3 Minuten köcheln lassen. Geben Sie die Nudeln auf die Servierteller. Garnelenmischung darüber geben; Heiß mit Basilikum servieren.

Nährwert (pro 100 g): 605 Kalorien, 17 g Fett, 53 g Kohlenhydrate, 19 g Protein, 723 mg Natrium

Lachs mit Honig und Balsamico-Essig

Zubereitungszeit: 10 Minuten

Kochzeit: Fünf Minuten

Portionen: 4

Schwierigkeitsgrad: leicht

Zutaten:

- 4 (8 Unzen) Lachsfilets
- 1/2 Tasse Balsamico-Essig
- 1 Esslöffel Honig
- Schwarzer Pfeffer und Salz nach Geschmack
- 1 Esslöffel Olivenöl

Richtungen:

Honig und Essig vermischen. Alles gut vermischen.

Die Fischfilets mit schwarzem Pfeffer (gemahlen) und Meersalz würzen; Mit Honigglasur bestreichen. Nehmen Sie einen mittelgroßen Topf oder eine Pfanne und geben Sie Öl hinzu. Bei mittlerer Hitze erhitzen. Fügen Sie die Lachsfilets hinzu und braten Sie sie in der Pfanne, bis sie in der Mitte mittelbraun und leicht gebräunt sind, 3-4 Minuten pro Seite. Heiß servieren.

Nährwert (pro 100 g): 481 Kalorien, 16 g Fett, 24 g Kohlenhydrate, 1,5 g Protein, 673 mg Natrium

Orangenfischmehl

Zubereitungszeit: 10 Minuten
Kochzeit: Fünf Minuten
Portionen: 4
Schwierigkeitsgrad: leicht

Zutaten:

- ¼ Teelöffel koscheres Salz oder Meersalz
- 1 Esslöffel natives Olivenöl extra
- 1 Esslöffel Orangensaft
- 4 (4 Unzen) Tilapiafilets, mit oder ohne Haut
- ¼ Tasse gehackte rote Zwiebel
- 1 Avocado, entkernt, geschält und in Scheiben geschnitten

Richtungen:

Nehmen Sie eine 9-Zoll-Backform; Olivenöl, Orangensaft und Salz hinzufügen. Lässt sich gut kombinieren. Die Fischfilets hinzufügen und gut damit bestreichen. Die Zwiebeln zu den Fischfilets geben. Mit Frischhaltefolie abdecken. 3 Minuten in der Mikrowelle erhitzen, bis der Fisch gut gegart ist und sich leicht zerteilen lässt. Heiß mit geschnittener Avocado oben servieren.

Nährwert (pro 100 g): 231 Kalorien, 9 g Fett, 8 g Kohlenhydrate, 2,5 g Protein, 536 mg Protein

Garnelen-Zoodles

Zubereitungszeit: 10 Minuten

Kochzeit: Fünf Minuten

Portionen: 2

Schwierigkeitsgrad: leicht

Zutaten:

- 2 Esslöffel gehackte Petersilie
- 2 Teelöffel gehackter Knoblauch
- 1 Teelöffel Salz
- ½ Teelöffel schwarzer Pfeffer
- 2 mittelgroße Zucchini, spiralisiert
- 3/4 Pfund mittelgroße Garnelen, geschält und geschält
- 1 Esslöffel Olivenöl
- 1 Zitrone, entsaftet und gerieben

Richtungen:

Nehmen Sie einen mittelgroßen Topf oder eine Pfanne, geben Sie Öl, Zitronensaft und Zitronenschale hinzu. Bei mittlerer Hitze erhitzen. Die Garnelen dazugeben und in der Pfanne von jeder Seite 1 Minute braten. Den Knoblauch und die Chiliflocken noch 1 Minute anbraten. Die Zoodles dazugeben und vorsichtig vermischen; 3 Minuten kochen lassen, bis alles zufriedenstellend gegart ist. Gut würzen, heiß mit Petersilie servieren.

Nährwert (pro 100 g): 329 Kalorien, 12 g Fett, 11 g Kohlenhydrate, 3 g Protein, 734 mg Natrium

Forelle mit Spargel

Zubereitungszeit: 10 Minuten

Kochzeit: 20 Minuten

Portionen: 4

Schwierigkeitsgrad: leicht

Zutaten:

- 2 Pfund Forellenfilets
- 1 Pfund Spargel
- Salz und gemahlener weißer Pfeffer nach Geschmack
- 1 Esslöffel Olivenöl
- 1 Knoblauchzehe, fein gehackt
- 1 Schalotte, in dünne Scheiben geschnitten (grüne und weiße Teile)
- 4 mittelgoldene Kartoffeln, in dünne Scheiben geschnitten
- 2 Roma-Tomaten, gehackt
- 8 entkernte Kalamata-Oliven, gehackt
- 1 große Karotte, in dünne Scheiben geschnitten
- 2 Esslöffel getrocknete Petersilie
- ¼ Tasse gemahlener Kreuzkümmel
- 2 Esslöffel Paprika
- 1 Esslöffel Gemüsebrühe würzen
- ½ Glas trockener Weißwein

Richtungen:

Die Fischfilets, den weißen Pfeffer und das Salz in eine Schüssel geben. Alles gut vermischen. Nehmen Sie einen mittelgroßen Topf oder eine Pfanne und geben Sie Öl hinzu. Bei mittlerer Hitze erhitzen. Den Spargel, die Kartoffeln, den Knoblauch und den weißen Teil der Schalotte dazugeben und in der Pfanne 4-5 Minuten lang kochen, bis sie weich sind. Tomaten, Karotten und Oliven hinzufügen; In einer Pfanne 6-7 Minuten kochen, bis es weich ist. Kreuzkümmel, Paprika, Petersilie, Gewürzbrühe und Salz hinzufügen. Rühren Sie die Mischung gut um.

Weißwein und Fischfilets vermischen. Bei schwacher Hitze zugedeckt ca. 6 Minuten köcheln lassen, bis sich der Fisch leicht zerteilen lässt, zwischendurch umrühren. Heiß mit Frühlingszwiebeln servieren.

Nährwert (pro 100 g): 303 Kalorien, 17 g Fett, 37 g Kohlenhydrate, 6 g Protein, 722 mg Natrium

Grünkohl-Oliven-Thunfisch

Zubereitungszeit: 10 Minuten

Kochzeit: 15 Minuten

Portionen: 6

Schwierigkeitsgrad: mittel

Zutaten:

- 1 Tasse gehackte Zwiebel
- 3 Knoblauchzehen, gehackt
- 1 (2,25 Unzen) Dose geschnittene Oliven, abgetropft
- 1 Pfund Grünkohl, gehackt
- 3 Esslöffel natives Olivenöl extra
- ¼ Tasse Kapern
- ¼ Teelöffel gehackter roter Pfeffer
- 2 Teelöffel Zucker
- 1 (15 Unzen) Dose Cannellini-Bohnen
- 2 (6 Unzen) Dosen Thunfisch in Olivenöl, nicht abgetropft
- ¼ Teelöffel schwarzer Pfeffer
- ¼ Teelöffel koscheres Salz oder Meersalz

Richtungen:

Tauchen Sie den Grünkohl 2 Minuten lang in kochendes Wasser. Lassen Sie sie abtropfen und legen Sie sie beiseite. Nehmen Sie einen mittelgroßen Suppentopf oder Suppentopf und erhitzen Sie das Öl bei mittlerer Hitze. Fügen Sie die Zwiebel hinzu und kochen Sie sie in der Pfanne, bis sie glasig und weich ist. Knoblauch hinzufügen und in der Pfanne 1 Minute kochen, bis es duftet.

Oliven, Kapern und Chili hinzufügen und 1 Minute in der Pfanne kochen. Grünkohl und Zucker mischen. Bei schwacher Hitze die Mischung zugedeckt etwa 8–10 Minuten köcheln lassen, zwischendurch umrühren. Thunfisch, Bohnen, Pfeffer und Salz hinzufügen. Gut vermischen und heiß servieren.

Nährwert (pro 100 g): 242 Kalorien, 11 g Fett, 24 g Kohlenhydrate, 7 g Protein, 682 mg Natrium

Scharfe Garnele mit Rosmarin

Zubereitungszeit: 10 Minuten

Kochzeit: 10 Minuten

Portionen: 6

Schwierigkeitsgrad: leicht

Zutaten:

- 1 große Orange, gerieben und geschält
- 3 Knoblauchzehen, gehackt
- 1 ½ Pfund rohe Garnelen, ohne Schale und Schwanz
- 3 Esslöffel Olivenöl
- 1 Esslöffel gehackter Thymian
- 1 Esslöffel gehackter Rosmarin
- ¼ Teelöffel schwarzer Pfeffer
- ¼ Teelöffel koscheres Salz oder Meersalz

Richtungen:

Nehmen Sie eine Plastiktüte mit Reißverschluss und fügen Sie Orangenschale, Garnelen, 2 Esslöffel Olivenöl, Knoblauch, Thymian, Rosmarin, Salz und schwarzen Pfeffer hinzu. Gut schütteln und 5 Minuten zum Marinieren beiseite stellen.

Nehmen Sie einen mittelgroßen Topf oder eine Pfanne und geben Sie 1 Esslöffel Olivenöl hinzu. Bei mittlerer Hitze erhitzen. Geben Sie die Garnelen hinzu und braten Sie sie auf jeder Seite 2-3 Minuten lang an, bis sie vollständig rosa und undurchsichtig sind. Die Orange in große Stücke schneiden und auf eine Servierplatte geben. Die Garnelen dazugeben und gut vermischen. Frisch servieren.

Nährwert (pro 100 g): 187 Kalorien, 7 g Fett, 6 g Kohlenhydrate, 0,5 g Protein, 673 mg Natrium

Lachs mit Spargel

Zubereitungszeit: 10 Minuten

Kochzeit: 15 Minuten

Portionen: 2

Schwierigkeitsgrad: leicht

Zutaten:

- 8,8 Unzen Bund Spargel
- 2 kleine Lachsfilets
- 1 ½ Teelöffel Salz
- 1 Teelöffel schwarzer Pfeffer
- 1 Esslöffel Olivenöl
- 1 Tasse Sauce Hollandaise, kohlenhydratarm

Richtungen:

Die Lachsfilets gut würzen. Nehmen Sie einen mittelgroßen Topf oder eine Pfanne und geben Sie Öl hinzu. Bei mittlerer Hitze erhitzen.

Fügen Sie die Lachsfilets hinzu und kochen Sie sie in der Pfanne, bis sie angebraten und gar sind, 4–5 Minuten pro Seite. Den Spargel dazugeben, vermischen und weitere 4-5 Minuten kochen lassen. Heiß mit Sauce Hollandaise servieren.

Nährwert (pro 100 g): 565 Kalorien, 7 g Fett, 8 g Kohlenhydrate, 2,5 g Protein, 559 mg Natrium

Thunfisch-Haselnuss-Salat

Zubereitungszeit: 10 Minuten

Kochzeit: 0 Minuten

Portionen: 4

Schwierigkeitsgrad: leicht

Zutaten:

- 1 Esslöffel gehackter Estragon
- 1 Stange Sellerie, geschält und gewürfelt
- 1 mittelgroße Schalotte, gewürfelt
- 3 Esslöffel gehackter Schnittlauch
- 1 (5 Unzen) Dose Thunfisch (mit Olivenöl überzogen), abgetropft und in Flocken geschnitten
- 1 Teelöffel Dijon-Senf
- 2-3 Esslöffel Mayonnaise
- 1/4 Teelöffel Salz
- 1/8 Teelöffel Pfeffer
- 1/4 Tasse Pinienkerne, geröstet

Richtungen:

In eine große Salatschüssel Thunfisch, Schalotten, Schnittlauch, Estragon und Sellerie geben. Alles gut vermischen. Mayonnaise, Senf, Salz und schwarzen Pfeffer in eine Schüssel geben. Alles gut vermischen. Mayonnaise-Mischung in die Salatschüssel geben; Zum Kombinieren gut umrühren. Die Pinienkerne hinzufügen und erneut verrühren. Frisch servieren.

Nährwert (pro 100 g): 236 Kalorien, 14 g Fett, 4 g Kohlenhydrate, 1 g Protein, 593 mg Natrium

Cremige Garnelensuppe

Zubereitungszeit: 10 Minuten
Kochzeit: 35 Minuten
Portionen: 6
Schwierigkeitsgrad: mittel

Zutaten:

- 1 Pfund mittelgroße Garnelen, geschält und geschält
- 1 Lauch, entweder weiß oder hellgrün, in Scheiben geschnitten
- 1 mittelgroßer Fenchel, gehackt
- 2 Esslöffel Olivenöl
- 3 Selleriestangen, gehackt
- 1 Knoblauchzehe, gehackt
- Meersalz und gemahlener Pfeffer nach Geschmack
- 4 Tassen Gemüse- oder Hühnerbrühe
- 1 Esslöffel Fenchelsamen
- 2 Esslöffel helle Sahne
- Saft von 1 Zitrone

Richtungen:

Nehmen Sie einen mittelgroßen Topf oder einen Schmortopf und erhitzen Sie das Öl bei mittlerer Hitze. Sellerie, Lauch und Fenchel hinzufügen und in der Pfanne etwa 15 Minuten kochen, bis das Gemüse weich und goldbraun ist. Knoblauch hinzufügen; Mit schwarzem Pfeffer und Meersalz abschmecken. Die Fenchelsamen hinzufügen und vermischen.

Mit der Brühe aufgießen und zum Kochen bringen. Bei schwacher Hitze die Mischung etwa 20 Minuten köcheln lassen und zwischendurch umrühren. Fügen Sie die Garnelen hinzu und kochen Sie sie 3 Minuten lang, bis sie rosa sind. Sahne und Zitronensaft einrühren; heiß servieren.

Nährwert (pro 100 g): 174 Kalorien, 5 g Fett, 9,5 g Kohlenhydrate, 2 g Protein, 539 mg Natrium

Gewürzter Lachs mit Gemüsequinoa

Zubereitungszeit: 30 Minuten

Kochzeit: 10 Minuten

Portionen: 4

Schwierigkeitsgrad: schwierig

Zutaten:

- 1 Tasse rohe Quinoa
- 1 Teelöffel Salz, halbiert
- ¾ Tasse Gurken, entkernt, gewürfelt
- 1 Tasse Kirschtomaten, halbiert
- ¼ Tasse rote Zwiebel, gehackt
- 4 frische Basilikumblätter, in dünne Scheiben schneiden
- Die Schale einer Zitrone
- ¼ Teelöffel schwarzer Pfeffer
- 1 Teelöffel Kreuzkümmel
- ½ Teelöffel Paprika
- 4 (5 Unzen) Lachsfilets
- 8 Zitronenspalten
- ¼ Tasse gehackte frische Petersilie

Richtungen:

In einen mittelgroßen Topf Quinoa, 2 Tassen Wasser und ½ Teelöffel Salz geben. Erhitzen Sie sie, bis das Wasser kocht, und senken Sie dann die Temperatur, bis es kocht. Decken Sie die Pfanne ab und lassen Sie es 20 Minuten lang kochen, oder bis die

Quinoa-Packung es erfordert. Schalten Sie die Hitze unter dem Quinoa aus und lassen Sie es vor dem Servieren noch mindestens 5 Minuten abgedeckt ruhen.

Kurz vor dem Servieren Zwiebeln, Tomaten, Gurken, Basilikumblätter und Zitronenschale zum Quinoa geben und mit einem Löffel alles vorsichtig vermischen. In der Zwischenzeit (während die Quinoa kocht) den Lachs zubereiten. Stellen Sie den Ofenrost auf die höchste Stufe und stellen Sie sicher, dass sich unten im Ofen ein Rost befindet. Geben Sie in eine kleine Schüssel die folgenden Zutaten: schwarzen Pfeffer, ½ Teelöffel Salz, Kreuzkümmel und Paprika. Mischen Sie sie zusammen.

Legen Sie Aluminiumfolie über eine Backform aus Glas oder Aluminium und sprühen Sie sie dann mit Antihaft-Kochspray ein. Die Lachsfilets auf die Folie legen. Reiben Sie jedes Filet mit der Gewürzmischung ein (ca. ½ Teelöffel Gewürzmischung pro Filet). Legen Sie die Zitronenspalten an den Rand der Pfanne in der Nähe des Lachses.

Den Lachs 8–10 Minuten unter dem Grill garen. Sie möchten, dass sich der Lachs mit einer Gabel leicht zerteilen lässt. Den Lachs mit Petersilie bestreuen und mit den Zitronenspalten und der Gemüsepetersilie servieren. Genießen!

Nährwert (pro 100 g): 385 Kalorien, 12,5 g Fett, 32,5 g Kohlenhydrate, 35,5 g Protein, 679 mg Natrium

Sennforelle mit Äpfeln

Zubereitungszeit: 15 Minuten

Kochzeit: 55 Minuten

Portionen: 2

Schwierigkeitsgrad: schwierig

Zutaten:

- 1 Esslöffel Olivenöl
- 1 kleine Schalotte, gehackt
- 2 Lady-Äpfel, halbiert
- 4 Forellenfilets, je 3 Unzen
- 1 1/2 Esslöffel Semmelbrösel, normal und fein
- 1/2 Teelöffel Thymian, frisch und gehackt
- 1/2 Esslöffel Butter, geschmolzen und ungesalzen
- 1/2 Tasse Apfelwein
- 1 Teelöffel hellbrauner Zucker
- 1/2 Esslöffel Dijon-Senf
- 1/2 Esslöffel Kapern, abgespült
- Meersalz und schwarzer Pfeffer nach Geschmack

Richtungen:

Bereiten Sie den Ofen auf 375 Grad vor und nehmen Sie dann eine kleine Schüssel heraus. Semmelbrösel, Schalotten und Thymian unterrühren und mit Salz und Pfeffer würzen.

Die Butter hinzufügen und gut vermischen.

Legen Sie die Äpfel mit der Schnittfläche nach oben in eine Auflaufform und bestreuen Sie sie mit Zucker. Mit Semmelbröseln bestreuen und dann die Hälfte des Apfelweins um die Äpfel gießen und die Form bedecken. Eine halbe Stunde backen.

Aufdecken und weitere zwanzig Minuten backen. Die Äpfel sollten zart sein, aber die Krümel sollten knusprig sein. Nehmen Sie die Äpfel aus dem Ofen.

Zünden Sie den Grill an und stellen Sie den Rost 10 cm entfernt auf. Die Forelle streicheln und anschließend mit Salz und Pfeffer würzen. Bestreiche ein Backblech mit Öl und lege die Forelle dann mit der Hautseite nach oben darauf. Das restliche Öl auf die Haut auftragen und sechs Minuten grillen. Wiederholen Sie die Äpfel auf dem Regal direkt unter der Forelle. Dadurch wird verhindert, dass die Krümel anbrennen, und das Erhitzen dauert nur zwei Minuten.

Nehmen Sie einen Topf und verrühren Sie den restlichen Apfelwein, die Kapern und den Senf. Fügen Sie bei Bedarf mehr Apfelwein hinzu, verdünnen Sie ihn und kochen Sie ihn fünf Minuten lang bei mittlerer bis hoher Hitze. Es sollte eine soßenähnliche Konsistenz haben. Die Sauce über den Fisch gießen und mit einem Apfel auf jedem Teller servieren.

Nährwert (pro 100 g): 366 Kalorien, 13 g Fett, 10 g Kohlenhydrate, 31 g Protein, 559 mg Natrium

Gnocchi mit Garnelen

Zubereitungszeit: 5 Minuten
Kochzeit: 15 Minuten
Portionen: 4
Schwierigkeitsgrad: schwierig

Zutaten:

- 1/2 Pfund Garnelen, geschält und verfeinert
- 1/4 Tasse Schalotten, in Scheiben geschnitten
- 1/2 Esslöffel + 1 Teelöffel Olivenöl
- 8 Unzen Regalknödel
- 1/2 Bund Spargel, in Drittel geschnitten
- 3 Esslöffel Parmesan
- 1 Esslöffel Zitronensaft, frisch
- 1/3 Tasse Hühnerbrühe
- Meersalz und schwarzer Pfeffer nach Geschmack

Richtungen:

Erhitzen Sie zunächst einen halben Esslöffel Öl bei mittlerer Hitze und fügen Sie dann die Gnocchi hinzu. Unter häufigem Rühren kochen, bis es prall und goldbraun ist. Dies dauert sieben bis zehn Minuten. Geben Sie sie in eine Schüssel.

Den restlichen Teelöffel Öl mit den Schalotten erhitzen und kochen, bis sie anfangen zu bräunen. Unbedingt umrühren, es dauert aber zwei Minuten. Rühren Sie die Brühe um, bevor Sie den

Spargel hinzufügen. Abdecken und drei bis vier Minuten kochen lassen.

Die Garnelen dazugeben und mit Salz und Pfeffer würzen. Kochen, bis es rosa und durchgegart ist. Dies dauert etwa vier Minuten.

Die Gnocchi mit dem Zitronensaft wieder in die Pfanne geben und weitere zwei Minuten kochen lassen. Gut vermischen und dann vom Herd nehmen.

Mit Parmesan bestreuen und zwei Minuten ruhen lassen. Ihr Käse sollte schmelzen. Heiß servieren.

Nährwert (pro 100 g): 342 Kalorien, 11 g Fett, 9 g Kohlenhydrate, 38 g Protein, 711 mg Natrium

Garnelen-Saganaki

Zubereitungszeit: 15 Minuten

Kochzeit: 30 Minuten

Portionen: 2

Schwierigkeitsgrad: mittel

Zutaten:

- 1/2 Pfund Garnelen in der Schale
- 1 kleine Zwiebel, gehackt
- 1/2 Glas Weißwein
- 1 Esslöffel Petersilie, frisch und gehackt
- 8 Unzen Tomaten, aus der Dose und gewürfelt
- 3 Esslöffel Olivenöl
- 4 Unzen Feta-Käse
- Salz in Würfeln
- Eine Prise schwarzer Pfeffer
- 14 Teelöffel Knoblauchpulver

Richtungen:

Nehmen Sie einen Topf, gießen Sie etwa fünf Zentimeter Wasser hinein und bringen Sie es zum Kochen. Fünf Minuten kochen lassen, dann abgießen, aber die Flüssigkeit auffangen. Garnelen und Flüssigkeit beiseite stellen.

Dann zwei Esslöffel Öl erhitzen und nach dem Erhitzen die Zwiebeln hinzufügen. Kochen, bis die Zwiebeln durchscheinend sind. Petersilie, Knoblauch, Wein, Olivenöl und Tomaten vermischen. Eine halbe Stunde köcheln lassen und rühren, bis die Masse eingedickt ist.

Entfernen Sie die Keulen der Garnelen, indem Sie die Schale, den Kopf und den Schwanz entfernen. Sobald die Sauce eingedickt ist, Garnelen und Garnelenbrühe hinzufügen. Lassen Sie es fünf Minuten lang kochen und geben Sie dann den Feta-Käse hinzu. Lassen Sie es stehen, bis der Käse zu schmelzen beginnt, und servieren Sie es dann heiß.

Nährwert (pro 100 g): 329 Kalorien, 14 g Fett, 10 g Kohlenhydrate, 31 g Protein, 449 mg Natrium

www.ingramcontent.com/pod-product-compliance
Lightning Source LLC
Chambersburg PA
CBHW071824110526
44591CB00011B/1205